NOS HORIZONTES DA ESPIRITUALIDADE

EME
EDITORA

Edição e distribuição:

EME

EDITORA

Caixa Postal 1820 – 13360-000 – Capivari-SP

Fone/Fax (019) 491-3878

João Duarte de Castro

NOS HORIZONTES DA ESPIRITUALIDADE

Capivari - SP
1987

Nos Horizontes da Espiritualidade
João Duarte de Castro

1ª Edição 1987 - 10.000 exemplares
2ª Edição 1993 - 2.500 exemplares
3ª Edição 1997 - 2.000 exemplares
4ª Edição Jan./99 - 1.500 exemplares

Capa:
Nori Figueiredo

Diagramação e Arte-Final:
Editora EME

Ficha Catalográfica

Castro, João Duarte de
Nos Horizontes da Espiritualidade, 1ª Edição 1987, Editora do Lar ABC do Interior, 2ª Edição Editora EME, Capivari-SP
172 p.
1 - Espiritismo - Crônicas e Estudos Doutrinários
2 - Crônicas e Estudos Doutrinários - Espiritismo
CDD 133

ÍNDICE

DEDICATÓRIA

— Aos que buscam ouvir além das palavras, ver além das aparências, ler além dos caracteres gráficos, sentir além da matéria.

— Aos meus pais, Cândido Parreira Duarte e Maria Parreira de Castro, pelas sementes de Espiritualidade que em mim plantaram.

— Aos meus filhos: Emmanuel, Elaine, Evandro e Eliane.

— A Alberto Lourenço,

Haroldo de Paula,

Diná Helena Luz,

Dirce P. da Silva Lourenço,

Maria Cecília M. Navas,

e a todos os demais companheiros do Centro Espírita "Henrique Seara", de Santos (SP),

À Míriam M. Prestes, autora da capa e amiga querida.,

Ao Arnaldo Divo R. Camargo, Editor-irmão, pelas lições de idealismo que nos propicia permanentemente.

Dedico este livro,

João Duarte de Castro

APRESENTANDO A OBRA E O AUTOR

Apresentar o primeiro livro deste estreante é tarefa que nos faz lembrar a crônica de Miguel Rizzo Júnior em "Capricho das Opalas", que recordamos aqui:

Em determinada joalheria, encontraram-se dois amigos, que examinavam pedras de grande valor. Em dado momento, um deles, notando uma pedra sem brilho nem aparência, indagou curioso:

— Por que será que conservam aqui, esta pedra, entre tantas de valor? Ela não tem atração alguma!

O companheiro, sem responder, ocultou-a, um instante entre as mãos. Logo depois, para agradável surpresa, o outro verificou que a pedra se transfigurara e brilhava esplendidamente: todas as cores do arco-íris nela resplandeciam!

— É opala, replicou o interlocutor, uma dessas pedras chamadas simpáticas, porque o calor das mãos irradia para elas toda a vida que pareciam não ter.

Pois bem, ao calor da amizade e do carinho de mãos amigas aos poucos começaram a surgir em nosso movimento, em diversos jornais e revistas (diga-se, alguns não espíritas), crônicas e artigos com textos interessantes e com segurança doutrinária, analisando fatos da atualidade, assinados por João Duarte de Castro.

Em "Nos Horizontes da Espiritualidade" o Autor preocupa-se por encontrar respostas lógicas e sensatas para as intrigantes indagações que são aquelas mesmas de todos os homens e que giram em torno da origem e do destino do ser humano.

Falando propriamente desta obra cujo objetivo já está delineado na primeira frase de sua Dedicatória: "Aos que buscam ouvir além das palavras, ver além das aparências, ler além dos caracteres gráficos, sentir além da matéria", ou seja, ela destina-se aos que procuram afinar a própria sensibilidade, desprender-se das limitações materiais, espiritualizar-se, enfim. É bom que se lembre aqui o que escreveu o Mentor Emmanuel, através de Francisco Cândido Xavier e que se registra em prefácio no livro "Nosso Lar": "... Não deve o homem descurar de si mesmo". "... É indispensável cogitar do conhecimento de nossos infinitos potenciais, aplicando-os, por nossa vez, nos serviços do Bem".

Procura desmitificar a morte física, que nada mais

é que uma mudança de domicílio, uma passagem do estado físico para o espiritual, nossa verdadeira Pátria, sem promover a imediata transformação da individualidade. Onde podemos concluir que estagiamos todos os dias na Vida Espiritual, treinando para a morte através do sono e que ressurgimos no corpo físico pela manhã, ao despertar. Considerando ainda que dormir não dói e portanto a morte lhe é semelhante, para quem tem a consciência tranqüila.

Numa abordagem atraente, apresenta, vários casos sugestivos de reencarnação. Falando com um carinho todo especial de Jesus, numa linguagem poética e graciosa, inclusive apresentando um "retrato falado" de Nosso Mestre.

Trata do abençoado intercâmbio com nossos entes queridos que partiram mais cedo, "que tomaram um dos trens anteriores", fazendo pensar nas sábias considerações de Amado Nervo, aos que ficaram: "O trem espera. Por que não preparar o bornal de viagem? Esta seria a mais prática e eficaz tarefa... Eles... também te aguardam tranqüilamente".

Desenvolve, ainda, sempre com propriedade e num estilo didático, assuntos importantíssimos, tais como a condição dos inquilinos das zonas inferiores, o impacto do processo desencarnação/encarnação, a regressão a vidas passadas, a pluralidade dos mundos habitados, o retorno de pessoas que estiveram clinicamente mortas, a mulher na Espiritualidade, a eutanásia, a educação da Alma, zonas vitais da individualidade, entre outros.

São vários os aspectos que irão prender a atenção do leitor deste livro inaugural do companheiro João Duarte de Castro: a fluência de sua linguagem, a clareza dos textos, a lógica dos pontos tratados, a riqueza do vocabulário, a oportunidade dos temas e a boa qualidade de seu estilo literário.

Não poderia, de fato, ter o Autor uma estréia mais auspiciosa que esta com um trabalho filosófico valioso, despido de preconceitos e sem misticismo.

A obra que o leitor vai ter a satisfação de apreciar a seguir — objetiva levá-lo a refletir na oportunidade e na felicidade de prosseguir no caminho seguro da espiritualização interior. Boa leitura, amigo. Melhor proveito, pois!

O Editor

INTRODUÇÃO

"Se procuras, amigo, a luz espiritual; se a animalidade já cansou o teu coração, lembra-te de que, em Espiritualismo, a investigação conduzirá sempre ao Infinito, tanto no que se refere ao infinitesimal, como à esfera dos astros distantes, e que só a transformação de ti mesmo, à luz da Espiritualidade Superior, te facultará o acesso às fontes da Vida Eterna".

Emmanuel

Este é um trabalho sem qualquer pretensão de estabelecer colocações irrefutáveis.

Simplesmente desejamos partilhar com outras pessoas, que também se questionam sobre a origem e a destinação do ser humano, algo do que nos foi dado observar na busca feita em fontes de informação da mais profunda filosofia espiritualista.

Investigação feita pela própria necessidade interior de se encontrar respostas às transcendentais questões que sempre incomodaram o Homem. Procura realizada por não mais se aceitar soluções prontas, acabadas e empacotadas.

Pela constatação, enfim, de que a Razão e o Raciocínio, a Lógica e a Prudência, têm absoluta necessidade de respostas sensatas, adultas e procedentes.

É o desenvolvimento de temas filosóficos em forma didática e expositiva, despojados de suas naturais complexidades. Temas estes somente encontrados, geralmente, em alentados volumes especializados.

Nossa intenção foi a de não apenas sintetizar, reduzir, como enxugar, simplificar, aparar arestas, sem contudo deturpar conceitos nem fugir da significação própria dos pontos abordados.

E buscamos alcançar um texto claro, fluente, não só com poder de comunicação como de leitura agradável.

Um texto sem a intenção de proselitismo ou de doutrinação, sem misticismo, superstição ou preconceitos.

Em suma, um trabalho que possa ser lido e apreciado por todo e qualquer espiritualista, por todos os que se enterneçam com as boas coisas da Espiritualidade.

As fontes de consulta foram, principalmente, as obras de Allan Kardec e inspira-se no pensamento de André Luiz e Emmanuel, estes extraordinários arautos do moderno Cristianismo. E, como pano de fundo, sempre presentes, a palavra e a figura de Jesus.

Conforme André Luiz: "Quem aprende pode ensinar e quem ensina aperfeiçoa o aprendizado. Na Academia do Evangelho, todos somos alunos".

I

JESUS, SIMPLESMENTE!

Jesus Cristo, O Messias. O Mestre dos Mestres, Jesus de Nazaré, O Cordeiro de Deus, O Governador Espiritual da Terra, O Salvador Prometido, O Sublime Peregrino, O Verbo de Deus...

Ele não deixou uma só linha escrita, e, no entanto, suas palavras permanecem gravadas a fogo nos corredores do tempo.

Passarão o Céu e a Terra, mas suas palavras não passarão!

Não falava aos homens, pois que não estavam ainda preparados para entender sua mensagem; falava aos Espíritos, que são eternos e que têm percepção transcendental. Contudo, está sempre presente no coração do homem, quer ele tenha consciência disso, ou não.

Nasceu na obscura Judéia, mas foi desse pequeno foco que emergiu a luz que devia espalhar-se pelo mundo inteiro.

Foi a expressão suprema da humildade, do Amor e

da mansidão; e, porém, energia, firmeza, destemor, força espiritual intensa, foram traços marcantes de sua angélica figura. Defendendo fracos, pequenos e humildes, e combatendo ricos e poderosos, hipócritas, fariseus e publicanos.

Deu vista a cegos, fez andar paralíticos, reanimou Lázaro e, apesar de tudo, não praticou milagres: apenas utilizou seu incomensurável potencial de Amor à Humanidade!

Pois, conforme Gibran: "Talvez a cegueira não passe de um pensamento escuro, que pode ser dominado por um pensamento luminoso. Talvez um membro paralítico não signifique senão uma indolência que pode ser estimulada pela energia".

Em apenas três anos de sua existência terrena cumpriu sua messiânica missão! E, no entanto, sua lição, seu exemplo, seu sacrifício, sua mensagem, trouxeram a marca indelével da duração infinita!

Não teve estudo superior, não cursou universidade, não teve a cultura dos que apenas conhecem, mas que nada sabem. E, no entanto, ensinou sábios e confundiu doutores da lei. Pois sua Sabedoria, sua cultura, eram o conhecimento e a cultura do Espírito, do Farol que revela ao homem como converter-se em santuário vivo, através do qual se irradia o Poder Soberano, e a Verdade Absoluta se manifesta!

Na vida dos grandes condutores da Humanidade, na rota dos notáveis heróis do mundo, nas conquistas dos mais eminentes cérebros humanos, encontram-se impressionantes exemplos da glória efêmera. Feitos retumbantes, empresas de vulto, façanhas de marcante importância. E, no entanto, deles só restam despojos, cinzas ou monumentos, sobre os quais se acomodam a poeira do esquecimento e a algidez da indiferença!

Com Jesus, entretanto, em cujo túmulo não há sinais de esplendor, nem pedrarias, nem mármores de alto preço, é diferente porque nada é ilusório, nada é passageiro, nada existe para ofuscar a vista ou perturbar os sentidos. Com Jesus, tudo é diferente porque seu Reino não é deste mundo.

Jesus, "o mais angélico, heróico e inconfundível Instrutor dentre todos os mensageiros espirituais da Humanidade", não foi apenas um homem incomum, magnífico e santificado, nem tampouco foi o "Deus feito Homem", alvo da adoração fanática e inconsciente imposta pelos dogmas da especulação religiosa.

Jesus foi encarnação de Espírito angélico, mas jamais divergiu da vida física, pois viveu conforme os costumes e as necessidades humanas. Embora pudesse, se assim o desejasse, abster-se das injunções corpóreas...

Em sua Epístola aos Gálatas, Paulo deixa bem explícito que Jesus não é Deus e que nasceu, como qualquer homem, sujeito às contingências do corpo carnal: "Mas quando veio o cumprimento do tempo, enviou Deus seu filho, nascido de mulher, nascido sujeito à Lei".

O próprio Messias afirmou não ser Ele o Deus, quando, do alto do madeiro infamante, suplicou ao Criador, intercedendo por seus algozes: "Pai! Perdoai porque eles não sabem o que fazem!"

Públio Lêntulo, estando na Judéia, enviou uma carta a Tibério contendo este retrato: "É um homem de grandes virtudes chamado Jesus, pelo povo inculcado de Profeta da Verdade, e pelos seus discípulos, de Filho de Deus. É um homem de justa estatura, muito belo no seu aspecto; e há tanta majestade no seu rosto, obrigando os que o vêem a amá-lo ou a temê-lo. Tem os cabelos cor de amêndoa madura, são distendidos até as orelhas; e das orelhas, até as espáduas; são da cor da terra, porém reluzentes. Ao meio da sua fronte, uma linha separando os cabelos, na forma em uso pelos nazarenos. Seu rosto é cheio; de aspecto muito sereno; nenhuma ruga ou mancha se vê em sua face; o nariz e a boca são irrepreensíveis. A barba é espessa, semelhante aos cabelos, não muito longa e separada ao meio; seu olhar é muito afetuoso e grave; tem os olhos expressivos e claros, resplandecendo no seu rosto como os raios do Sol; porém ninguém pode olhar fixo o seu semblante, pois se resplende, subjuga; e quando ameniza, comove até as lágrimas! Faz-se amar e é alegre; porém, com gravidade. Nunca alguém o viu rir, mas, antes, chorar!"

Um simples olhar de Jesus fascinava as pessoas. Diante do insulto, do sarcasmo e da crueldade, seus olhos revelavam uma divina paciência e serenidade. O sábio cedia seu lugar ao anjo apiedado da ignorância humana.

Quantas vezes o motejador que ironizava a aparente ingenuidade da filosofia de Jesus não conseguia suportar-lhe o olhar de compaixão, repleto de ternura e piedade para com aquele que não podia compreendê-lo. Era uma doçura queimante na consciência do sarcástico, pois sentia a descoberto, no recôndito de sua alma, todos os seus pecados.

As criaturas curadas por Jesus, diziam que o fulgor de seus olhos penetrava-lhes a medula, qual energia crepitante, transmitindo-lhes misterioso potencial de forças desconhecidas e fazendo eclodir em seu corpo a vitalidade adormecida.

Os malfeitores e delinqüentes não escondiam o seu terror diante destes mesmos fulgores veementes que lhes punha a descoberto o cortejo de vícios, pecados, hipocrisia.

Raros homens não se prostavam de joelhos diante de Jesus, clamando perdão para seus erros, quando, esmagados pelos pecados, erguiam-se aterrorizados ante a voz imperiosa que lhes dizia: "Vai e não peques mais!"

II
A REENCARNAÇÃO

Disse Jesus: "Em Verdade, em Verdade, vos digo: Ninguém pode ver o Reino de Deus se não nascer de novo".

A Reencarnação é, justamente, este "nascer de novo".

E Reencarnação é a volta do Espírito à vida corpórea, mas em outro corpo especialmente formado para ele e que nada tem de comum com o corpo antigo.

A Reencarnação é, pois, o retorno do Espírito à matéria, em busca de nova oportunidade de evolução.

Então, o que é a morte? E quantas vidas podemos ter?

O corpo é o invólucro material do Espírito, assim como o perispírito é o envoltório fluídico deste mesmo Espírito ou Alma.

O Espírito é imortal, e a morte, como por muitos é considerada, não existe. O que morre é o corpo que é descartado pelo Espírito ao desencarnar, assim como despimos uma simples vestimenta.

O progresso é infinito, como infinita é a própria vida. Assim determinado, só temos uma única vida que é a vida espiritual, iniciada no primeiro degrau da evolução, passando por inúmeras e sucessivas existências materiais, neste ou em outros mundos, até o ponto mais alto da escadaria do aperfeiçoamento. A única morte reconhecida por Jesus é a "morte espiritual" daqueles que têm fechados os olhos espirituais e trancadas as portas da Alma.

Conforme disse Jesus a Nicodemos, "É necessário um novo nascimento para que se possa ver o Reino de Deus".

Eis porque a Reencarnação, ou o novo nascimento, é indispensável para a caminhada evolutiva do Espírito, assim como é necessário para um estudante passar por diferentes classes ou séries, desde a pré-escola, submeter-se a sucessivas provas ou exames de suficiência, até atingir seu objetivo final que é o diploma, a formatura.

Para o Espírito, a meta ambicionada é o aperfeiçoamento, a evolução, até se completar, conforme o Evangelho: "Sede perfeitos como o vosso Pai que está nos céus".

E, ainda como qualquer aluno, para o Espírito é necessária a repetição de certas etapas de seu estudo. O bom estudante, cumpridor de seus deveres, responsável e interessado, é promovido classe por classe, série por série, sem reprovação ao final de cada fase de estudos. Já o mau aluno, o discípulo que não é dedicado e que não se prepara convenientemente para suas avaliações, é obrigado a cursar a mesma série uma ou mais vezes até estar em condições de dar prosseguimento à seqüência de seu aperfeiçoamento.

A Reencarnação, portanto, é necessária e indispensável para a evolução e para o burilamento. É o meio oferecido pelo Criador ao Espírito para que este tenha as oportunidades de reparar suas falhas, de corrigir suas deficiências, de sanar o mal cometido, de regenerar-se, de aprender e de realizar o progresso de suas faculdades intelectuais e morais.

A Reencarnação fazia parte dos dogmas judaicos sob o nome de ressurreição. Apenas os saduceus, que pensavam tudo acabar com a morte, nela não acreditavam. No entanto, ressurreição e Reencarnação são coisas inteiramente diversas. E isto porque a ressurreição supõe o retorno à vida do corpo morto, isto é, admite que um mesmo corpo possa retornar à vida, o que a própria Ciência mostra ser materialmente impossível. Já a Reencarnação é a volta da Alma ou Espírito à existência corpórea em um outro corpo que nada tem a ver com o corpo anterior. Isto posto, a palavra ressurreição podia ser aplicada a Lázaro que foi reanimado por Jesus; mas não a João, por exemplo, que podia ser Elias reencarnado, mas não ressuscitado.

A Reencarnação é uma tese lógica e racionalmente

aceitável.

É, em verdade, a única e definitiva explicação para as diferenças individuais, e a prova incontestável da existência de um Deus justo e infinitamente bondoso.

Se assim não o fosse, se a vida começasse no berço e terminasse no túmulo, que Pai seria este criando seres com tamanhas desigualdades físicas, morais e intelectuais?! Por que umas criaturas têm corpo perfeito, enquanto que outras nascem com defeitos físicos?! Por que umas nascem em berço de ouro e tantas outras amargam a mais negra miséria e se deparam com toda espécie de problemas e dificuldades?!

Seriam alguns seres privilegiados filhos de Deus, enquanto que outros seriam desvalidos da sorte, sem qualquer motivo determinante?!

Que méritos teria um Espírito que animou um corpo por dias ou meses, apenas, sem qualquer conhecimento do mundo, sem que sua virtude pudesse ser experimentada e sem que seu livre-arbítrio fosse exercitado, para poder gozar, após o precoce desencarne, as delícias eternas de um paraíso?!

Ou que culpas teria, por outro lado, o Espírito que, igualmente, teve reduzida parcela de vida, para ser condenado às definitivas penas do inferno?!

A Lógica e a Razão nos mostram, insofismavelmente, que a vida, o destino, as desigualdades todas dos homens, têm que ter uma explicação. Deus não pode ser injusto. Não há efeito sem uma causa.

Logo, a Reencarnação é a luz que desvenda o enigma do destino humano e oferece uma solução adequada, sensata, para a infinita Justiça e a suprema Bondade do Criador, aparentemente colocadas em dilema.

Também a não transmissão hereditária do talento e os gênios precoces, são comprovações da Reencarnação.

Quem poderia negar o conhecimento inato? O que poderia explicar os gênios precoces? E por que, ainda, gênios são descendentes de pais ignorantes, e verdadeiros cretinos nascem de progenitores intelectual e moralmente evoluídos?

O Espiritismo, e mais propriamente a Reencarnação, demonstram que os meninos prodígios bem como os gênios, são Espíritos já evoluídos em existências anteriores, vindos à Terra uma vez mais a fim de que passem a outros seu conhecimento e experiência.

E aqui estão alguns exemplos de precocidades explicáveis, apenas, sob o prisma da Reencarnação: Mozart aos cinco anos compôs uma sinfonia; Beethoven, aos dez, já era exímio musicista; o pequenino Pepito Ariola, com apenas três anos de idade, em Paris, no ano de 1900, sem conhecer música, tocou e improvisou ao piano árias admiráveis; Macauley escreveu um compêndio de História Universal com apenas oito anos de idade!

E o talento não é hereditário, já que grandes gênios em todos os setores do conhecimento humano, nasceram de pais modestos e ignorantes: Copérnico, por exemplo, era filho de padeiro; Kepler, filho de taverneiro; Newton e Laplace, outros grandes gênios que revolucionaram as teorias e experimentações científicas, eram descendentes de broncos camponeses!

Assim, o corpo procede do corpo, mas o Espírito não nasce do Espírito porque já existia antes da formação do corpo. Não é o pai quem cria o Espírito de seu filho, mas sim lhe fornece apenas um invólucro corpóreo.

Logo, não são nem as condições sociais nem a filiação o que favorece o surgimento dos grandes talentos e dos gênios, mas sim a teoria das existências sucessivas e da gradativa evolução do Espírito, contida nos princípios reencarnacionistas.

E assim: "Nascer, viver, morrer, renascer ainda, tantas vezes quantas forem necessárias, para que a nossa evolução se elabore e o nosso aperfeiçoamento espiritual se complete", conforme afirma Kardec.

III
O CASO DO MENINO ROGÉRIO

São várias as fontes de evidência que podem servir de fundamentação à tese das vidas sucessivas. Como, por exemplo, casos de crianças que manifestam recordações de vidas prévias, recordações em adultos, marcas ou cicatrizes de nascença, defeitos físicos congênitos, talento e qualidades inatos.

São muitos os investigadores em todo o mundo que se dedicaram a semelhantes investigações. Dentre tantos, cite-se o pesquisador Ian Stevenson o qual relata em seu livro "Research in Parapsychology" ter investigado desde 1961, na Índia e em outros lugares, casos de pessoas (costumeiramente crianças) que afirmam ter vivido antes, podendo elas recordar-se de detalhes comprováveis de suas vidas prévias.

O Dr. Agnelo Morato, ilustre jornalista e escritor brasileiro, publicou no jornal espírita "A Nova Era" editado na cidade de Franca (SP), uma série de artigos versando sobre um caso que sugere reencarnação. A equipe do Instituto Brasileiro de Pesquisas

Psicobiofísicas (IBPP) também participou destas investigações. A conclusão a que chegaram os investigadores é favorável à probabilidade de reencarnação.

O episódio em pauta refere-se ao menino Rogério, filho de D. Maria Aparecida Carvalho e do Sr. Carlos Borges de Carvalho.

Segundo o depoimento do Dr. Agnelo Morato, o garoto Rogério Carvalho após completar seus quatro anos de idade, isto a 16 de julho de 1981, insistiu em relatar a seus pais fatos que com ele teriam acontecido em uma existência anterior. Até então, o menino nada havia revelado além das coisas próprias da idade.

Rogério falou sobre a necessidade de se procurar um seu irmão na Vila de Miramontes (antigo Arraial de Covas), distante de Franca cinco quilômetros.

D. Maria Aparecida procurou dissuadir seu filho por todos os meios de semelhante projeto, mas em vão. O garoto continuou insistindo que precisava encontrar-se com o Antônio Benzedor, também chamado de "Cinza", para retomar uma imagem de Nossa Senhora da Aparecida que lhe confiara em 1945, pouco antes de desencarnar na Santa Casa.

Tal a insistência sobre o mesmo assunto que seus

pais resolveram atendê-lo. E, em companhia de outras pessoas ligadas a este caso, seguiram para a Vila de Miramontes.

Lá chegando, todos ainda mais se espantaram quando viram o menino indicar a rua onde estaria a casa do "Cinza", numa favela, perto de um campo de futebol.

Ao chegarem ao local indicado, Rogério entrou sem cerimônia numa casa humilde em cujo interior havia várias pessoas. Com segurança, o garoto dirigiu-se diretamente a Antônio da Silva (tido como benzedor do lugar), falando-lhe como se fora seu próprio irmão.

"Antônio, vim buscar a imagem da Santa que lhe confiei há mais de vinte anos. Também fui curador e preciso corrigir muitas coisas. Com esta imagem você não mais vai ganhar dinheiro. Isto é um pecado muito grande"!

Rogério, em seguida, dirige-se a um canto da sala onde estava um oratório com diversas estatuetas. Escolhe a que lhe pertence e deixa a casa.

O "Cinza" nada discutiu nem reclamou coisa alguma da criança. Deixou que lhe tomasse a estatueta e que a levasse de sua casa.

Posteriormente, a mãe de Rogério descreveu como Antônio da Silva, perplexo, ajoelhou-se no chão batido da casa e, em lágrimas, pronunciou estas palavras: "Meu Deus, como é que esse menino soube de tudo isto?!"

Assim, resumidamente, eis aí o relato do interessante caso que sugere fortemente ser o menino Rogério a reencarnação do curador Manuel Jerônimo, irmão de Antônio Nunes da Silva, vulgo "Cinza".

IV
UM PASSO ALÉM FRONTEIRAS!

"Amanhã dirás adeus a este ancoradouro onde aportaste em dia de tempestade. Içarás as velas e far-te-ás ao mar alto, enquanto a respiração do infinito te fará sentir a vertigem da conquista".

Antologia da Literatura Mundial

Recentemente, o "Fantástico", programa de televisão de grande audiência, focalizou o palpitante tema da morte física.

E assim, graças à divulgação do assunto pela grande imprensa, mormente a televisão, o preconceito que sempre existiu com relação ao tema Morte começa a ser superado.

E esta desmitificação faz com que muitas pessoas que passaram pelo fenômeno da catalepsia ou morte aparente, pessoas dadas como mortas clinicamente, e que antes tinham receio de serem ridicularizadas, possam também prestar seus depoimentos.

E os cientistas, apesar de continuarem reticentes em admitir a continuidade da vida além da morte, já não mais consideram estes relatos como mera fantasia ou alucinação de doentes em estado grave.

Assim, o reconhecimento da morte como um momento de transição ou mudança de estado, já começa a ser discutido pelos cientistas menos radicais.

E à medida que pesquisadores admitem discutir o assunto com seriedade e divulgar o resultado de suas investigações, o assunto vai deixando de ser encarado com reservas, além de propiciar a publicação de palpitantes revelações.

O Dr. Kenneth Ring, professor de Psicologia da Universidade de Conecticut, autor do livro "Vida e Morte", Presidente da Associação Internacional de Estudos Sobre a Fronteira da Morte, tem fornecido subsídios importantíssimos para o estudo do fenômeno. E este pesquisador declara que cerca de 8 milhões de americanos já passaram pela experiência da morte clínica, e que em conseqüência dos avanços da Medicina na área tecnológica, muitas pessoas que teriam morrido há alguns anos, podem hoje ser ressuscitadas e relatar suas vivências.

Os entrevistados do "Fantástico" puderam verificar,

conforme suas declarações, que a chamada morte nada mais é, em verdade, que uma mudança de plano, uma simples transposição.

Confessaram-se estes depoentes impressionados pelo que lhes fora dado descobrir. Afirmaram ter sido esta uma experiência inusitada e surpreendente porque jamais poderiam esperar uma revelação que de tal modo viesse abalar suas convicções religiosas ou contrariar a idéia que todos têm da suprema travessia.

Para estas pessoas que estiveram com um pé além da faixa divisória dos dois planos da existência, as constatações foram até mesmo desconcertantes! Mas nem por isso menos significativas e emocionantes, pois que a experiência veio não só mudar suas crenças, como lhes dar uma perspectiva inteiramente nova, mais ampla e mais confortadora, da significação do ser humano e de seu verdadeiro destino.

E por que puderam retornar?! Eis a questão que mais intrigava os depoentes. Por que teriam ainda tempo a cumprir neste plano? Por que lhes fora dada uma sobrevida para que pudessem realizar algo de grande importância ainda nesta existência? Ou para que pudessem dar ao mundo o penhor de seus testemunhos? Não se chegou a um consenso.

E o ato de morrer para estas testemunhas tem definições igualmente diversas: é flutuar, vencendo as limitações do espaço e do tempo e mergulhar numa intraduzível sensação de calor e paz; é romper os limites do próprio corpo e ampliar as capacidades auditivas e visuais; é envolver-se numa grande luz e deixar-se guiar docemente; é reintegrar-se, sem dor, no Infinito; é encontrar-se com pessoas que infundem paz e tranqüilidade e que asseguram estar tudo bem; é ingressar numa paisagem verde, o mais verde que se possa imaginar, com flores em profusão, tão brilhantes que parecem ter sido polidas!

E em todos os depoimentos, pontos em comum: a sensação de leveza, a visão do próprio corpo inerte como se pertencesse a uma outra pessoa, desfile dos acontecimentos da própria vida como se fora um filme. O "ajuste de contas" com a própria consciência que passa a agir como juiz implacável. A revelação do que estava gravado no subconsciente ou no inconsciente e que passa, num átimo, a ser consciente, de maneira incômoda e questionante!

Na declaração de um dos informantes que estivera por longo tempo em estado de coma profundo, a constatação de que não só pudera ouvir tudo o que fora dito à sua volta, como havia podido "ler" o pensamento das pessoas como se estivesse diante de um livro aberto!

Uma senhora, neste mesmo programa, descreveu o desligamento de seu perispírito, sua separação do corpo denso ao qual permanecia ligado por um filamento prateado semelhante a um cordão umbilical, podendo, assim, afastar-se e dirigir-se às pessoas que, contudo, não a atendiam. Atravessava corpos sólidos e também podia ver seu "cadáver" no chão!

Kardec esclarece que a estas pessoas que chegam a ultrapassar a ponte que interliga os planos material e espiritual, é permitido entrever fatos e circunstâncias próprias do lado de lá, por terem colocado um pé na eternidade.

O certo é que, por mais que nos preocupemos com o fenômeno da chamada morte e apesar de depoimentos tão esclarecedores como estes, enquanto no corpo físico não temos condições de formular uma idéia precisa do que seja a realidade além das fronteiras do sepulcro.

Ainda que encarando o "baixar do pano" sob as luzes da Doutrina Espírita, bastante difíceis se tornam o entendimento e a plena aceitação da passagem para o desconhecido.

Mesmo entre espíritas convictos, elementos atuantes com largo tempo de doutrina, experientes no estudo e na aplicação dos princípios kardequistas, existem aqueles que relutam em aceitar como natural a separação de seus entes queridos, apesar de saberem que esta é uma questão transitória e de receberem deles notícias e comunicações da Espiritualidade!

Contudo, esta é uma circunstância mais que natural, um procedimento compreensível e aceitável, pois, afinal, somos entes humanos, ligados ao corpo físico e sujeitos a todas as fraquezas e limitações daí decorrentes.

Porém, diante das dificuldades próprias da vida terrena, ante as diferenças todas que separam as pessoas neste plano, diante das inquietações acarretadas pela morte, pela dor e pelo desconhecido, surge o Espiritismo como janela aberta por onde penetram a suave luz do esclarecimento e o confortador sopro da esperança!

E para nos mostrar, de modo claro, lógico e racional, que tudo o que nos acontece tem razão de ser, que o acaso não existe e que somos todos passageiros de uma mesma nave, encarregada de conduzir os homens pelos difíceis e tortuosos caminhos da evolução espiritual!

V
PERDA DE ENTES QUERIDOS

"Não morreram, partiram antes. Simplesmente aconteceu que tomaram um dos trens anteriores".

Amado Nervo

É muito comum alguém confessar-se descrente da vida do lado de lá, simplesmente porque ninguém ainda voltou do plano espiritual para lhe dizer, pessoalmente, que continua vivo e real.

E, no entanto, são inúmeras as provas da continuidade da existência, e é manifesta a presença no chamado mundo dos vivos, daqueles que nos antecederam na grande viagem, dos que tomaram um dos trens anteriores.

Muitos são os que recebem a visita de seus entes queridos pelo abençoado "correio" da mediunidade.

Em verdade, nós não os perdemos nem deles

estamos irremediavelmente separados. De certa forma, nossos "mortos" amados estão mais presentes em seus lares agora, que durante sua vida terrena.

É só ter "ouvidos de ouvir" e "olhos de ver".

O "levantar do véu" é feito, principalmente, por meio de mensagens minuciosas e comunicações ricas de dados pessoais e circunstanciais.

E o que dizer da literatura mediúnica, vasta, primorosa, profunda, bela e esclarecedora?! Como julgar verdadeiras obras-primas ditadas, no mais das vezes, a médiuns de instrução elementar?!

E este intercâmbio, entre os que se demoram um pouco mais no plano terrestre e os que já vivem a realidade do mundo espiritual, proporciona a todos consolação, amor e esclarecimento.

Zilda Giunchetti Rosin perdeu seus dois únicos filhos em plena juventude. Dedica sua vida escrevendo e fazendo palestras, num verdadeiro apostolado, distribuindo consolo, amparo, esperança e esclarecimento a todos aqueles que viram partir mais cedo seus entes queridos.

E em seus livros, esta escritora apresenta, para conhecimento de todos, normas de comportamento com relação aos que nos antecederam na viagem à pátria espiritual.

E deste verdadeiro código de correto proceder, retiramos conselhos bastante oportunos e procedentes, tais como:

1) Deve-se aceitar resignadamente a dor da separação porque a mesma não é definitiva nem absoluta.

2) Não existe morte prematura, desenlace antecipado, partir mais cedo não significa antes da hora. Quando nascemos já trazemos marcadas a hora e as circunstâncias que devem cercar a morte física.

3) Eles de lá, rogam que sejam recordados com amor, com alegria e com carinho, jamais com desespero. A dor incontrolável, a angústia desmedida, o desatino, o esmorecimento da fé e da esperança, acarretam-lhes muito sofrimento e dificuldades. Pode-se ajudá-los, e muito, com pensamentos de gratidão e de afeto.

4) Velas e visitas a cemitérios não têm significação especial para nossos amigos desencarnados. Não é a luz da vela que vai iluminar seus Espíritos, mas sim a luz das boas ações por eles praticadas no plano material. O dinheiro gasto em velas ser-lhes-á muito mais proveitoso se empregado na ajuda a um necessitado. E a visita ao cemitério, embora dependendo da convicção de cada um, não tem sentido, pois que a chamada "última morada"

guarda, apenas, os restos mortais dos entes queridos, seus Espíritos lá não permanecem.

5) Não se deve permanecer apegado aos objetos de uso pessoal; seus pertences, suas roupas, devem ser destinados aos pobres, aos carentes, num ato de caridade feito em sua intenção.

6) A melhor maneira de ajudá-los é pela prece. Quando se ora pelos entes amados que partiram antes, estabelece-se uma corrente fluídica entre uns e outros, numa comunicação direta e sublime. Orar, verdadeiramente, é conversar com Deus.

Em um de seus livros ("Morte e Libertação"), Zilda Giunchetti Rosin, publica uma página belíssima de sua autoria dedicada à mãe cujo filho seguiu mais cedo. Este verdadeiro poema de ternura e consolação, intitula-se, "Mãe, Enxuga Teu Pranto":

"Mãe!...

Tu que foste agraciada com o maior empréstimo que o Senhor dos Mundos pode conceder à criatura humana...

Tu que recebeste nos braços um filho de Deus, para que o tivesses junto do coração como sendo teu...

Tu que te entregaste, de corpo e alma, à lapidação dessa jóia preciosa, fazendo-a reluzir entre as sombras do Mundo...

Tu, qual anjo tutelar, que velaste o sono de teu filhinho quando enfermo...

Tu que não te poupaste na luta do dia-a-dia, trabalhando e cooperando com teu companheiro, para que teu filho tivesse todo o conforto...

Tu que o auxiliaste a moldar o caráter e a desenvolver a inteligência...

Tu que não te esqueceste de implantar o Evangelho do Cristo no coração de teu filho...

Tu que olvidaste de ti mesma para que ele pudesse viver e ser feliz...

Tu, enfim, que trazes a consciência tranqüila, no dever retamente cumprido...

Enxuga teu pranto!

Agradece ao Pai Celestial pelo valioso empréstimo com que te agraciou.

Agradece por teres conseguido te comportar qual o Servidor da Parábola, desenvolvendo os talentos, aumentando-os.

Agradece a bênção da Maternidade!

Agradece por teres contado com o auxílio dos Amigos da Vida Maior na tua sublime missão de mãe.

E embora hoje teu rebento tenha partido para o Outro Lado da Vida,

Enxuga teu pranto!

Não o procures no semblante de outros jovens...

Não o procures na campa vazia...

Enxuga teu pranto!

Busca-o dentro de ti mesma.

No amor e no carinho que os uniram.

Busca-o na gratidão para com Deus, pelo valioso empréstimo que te concedeu.

Na gratidão para com teu próprio filho, pelas alegrias que te proporcionou.

Busca-o no amor e na caridade para com os órfãos.

Na comunhão da prece diária. E...

Enxuga teu pranto!

Sentirás que teu filho está mais vivo que nunca!

Crerás no reencontro do Outro Lado da Vida!

Perceberás que ele vem te visitar!

E, então, com o coração tranqüilo e pleno de fé, talvez possas ouvi-lo dizer:

"Obrigado, mãezinha!

Deus te guarde e abençoe!..."

VI
APENAS UMA PARTIDA ANTECIPADA!

"Mães, sabeis que vossos filhos bem-amados estão perto de vós; sim, eles estão muito perto; seus corpos fluídicos vos cercam, seus pensamentos vos protegem, vossa lembrança os embriaga de ventura".

O Evangelho Segundo o Espiritismo

A morte nada mais é que uma mudança do estado físico para o estado espiritual pleno.

É assim como uma transferência de moradia, como alguém que se mudasse de um vilarejo onde nada houvesse em termos de conforto e de facilidade de vida, para uma grande cidade onde sobrassem todos os recursos.

Também como se despíssemos uma roupa usada e desconfortável e substituíssemos por uma nova vestimenta, limpa, leve e muito mais agradável. O corpo denso é esta roupagem incômoda, pesada e que impede uma movimentação mais desembaraçada; quando tiramos esta veste grosseira, revestimo-nos da leveza do corpo espiritual, que proporciona muito mais liberdade e satisfação.

"Na natureza nada se cria, nada se perde, tudo se transforma", conforme a máxima de Lavoisier. A morte, igualmente, é uma simples transformação.

Disse Paulo: "Semeia-se o corpo em corrupção, ressuscitará em incorrupção. Semeia-se em ignomínia, ressuscitará em glória. Semeia-se em fraqueza, ressuscitará em vigor. Semeia-se o corpo animal, ressuscitará o corpo espiritual".

Todo morrer é um renascer: desaparece o Sol no horizonte para, logo mais, ressurgir, triunfante, por trás deste mesmo horizonte; as estrelas que brilham tão intensamente agora, apagar-se-ão um dia, e outras estrelas surgirão, assim como outros astros, no eterno renovar de todos os planos da criação; cada hora, cada manhã, cada dia, cada noite, assim como surge, desaparece, para novamente ressurgir com sua mensagem de luz e esperança; cada vegetal, cada animal e até mesmo o próprio homem, propicia, com sua morte, o nascimento e a vitalidade de outros tantos seres; toda morte é um renascimento, pois todo ser traz em si mesmo os germes de novas vidas, no cumprimento da lei do progresso e da evolução.

"Não existe na Natureza um princípio de morte, porque ela é toda vida. A morte e o nascimento são progressos da vida, graus a que recorre, purificando-se em cada um deles para se manifestar em formas cada vez mais completas e perfeitas", de acordo com o filósofo alemão J. G. Fichte.

Para Cícero, orador romano (106-43 a.C.) a existência terrena nada mais é que uma parada, um intervalo, uma pousada transitória: "Deixo esta vida como quem deixa uma hospedaria, não como quem sai de sua casa. A Natureza não nos deu um lugar para nele habitarmos, mas para uma breve parada".

Logo, os entes queridos não morreram, mas apenas anteciparam sua partida e estarão à nossa espera para o saudoso e feliz reencontro, como acontece sempre após uma longa e cansativa viagem ou depois de largo período de separação. Mas a certeza do reencontro não impede a saudade imensa e a cruciante dor da lembrança.

É ainda Cícero quem nos diz como se sentiu com a viagem de seu filho e de como se comportou na dolorosa contingência: "Ainda que grande tenha sido a dor que senti quando da partida de meu amado filho Catão, procurei vencê-la pacientemente, não por indiferença, mas porque me consolava a certeza de que não seria longa a nossa separação".

Amado Nervo também compara a morte a uma viagem normal, apenas que antecipada: "Não morreram, partiram antes. O trem espera. Por que não preparar o bornal da viagem? Esta seria a mais prática e eficaz tarefa. Eles, com um conceito total do tempo, cujas barreiras transpuseram de um salto, também te aguardam tranqüilamente. Simplesmente aconteceu que tomaram um dos trens anteriores".

Mas, que dizer ante a partida de um ente querido a seu pai, sua mãe, sua irmãzinha?! Por mais segurança que se tenha do reencontro, pela mais firme convicção da vida futura, como consolar alguém surpreendido por dolorosa separação?!

Carlyle, em resposta a uma carta em que Emerson lhe comunicara, inconsolável, a morte de seu filhinho de cinco anos de idade, assim se expressou: "Que podemos dizer em caso semelhante?! Não existem palavras senão aquelas que o sombrio filho de Ismael e as Almas reflexivas aprenderam a repetir continuadamente: "Deus é grande! É terrível e severo, mas também sabemos que é bom. Embora me faça perecer, n'Ele quero pôr minha confiança". Teu formoso filho, a principal de tuas possessões aqui embaixo, te foi arrebatado; mas, em verdade, está com Deus, da mesma forma que nós outros que aqui vivemos o estamos — e seguramente está da melhor forma possível para ele, como para ti e para todos nós. Pobre Lídian, sua pobre mãe! Para ela não tenho palavras. Não existe sofrimento mais pungente e terrível que esse de uma mãe da qual se lhe tirou o filho! A pobre avezinha dos bosques que chora a perda de seus filhotes, nos enche de piedade; quanto mais a Alma humana! Eu não posso pedir a ela que se acalme porque nesse momento não está em meu poder fazê-lo".

Sócrates, filósofo ateniense que viveu nos anos 470-399 a. C., cidadão exemplar e soldado de valor, tomou a si a missão de ensinar à mocidade. Combatia o individualismo orgulhoso, e procurou desenvolver nos jovens o reconhecimento dos valores universais do Espírito, dos quais estavam afastados pelos interesses, pelas paixões e pelas ambições. Sócrates dizia que cada indivíduo hospeda a Verdade em si mesmo e que é necessário ter consciência disso e descobri-la. Daí sua célebre frase que busca o conhecimento integral do homem: "Conhece-te a ti mesmo!" Sócrates é considerado um dos precursores das idéias cristãs e do Espiritismo. Por criticar os costumes políticos de sua época, assim contrariando os poderosos, foi acusado de corromper a mocidade e de ateísmo, sendo condenado a beber cicuta. Fê-lo em presença de seus juízes e de seus discípulos, reafirmando sua crença no Espírito, nas vidas sucessivas, e na justiça divina. Também para Sócrates, a morte é uma mudança de domicílio, apenas, conforme suas últimas palavras ditas a seus algozes: "De duas uma: ou a morte é uma destruição absoluta, ou é a passagem duma Alma para um outro lugar. Se tudo deve extinguir-se, a morte será como uma dessas raras noites que passamos sem sonhar e sem nenhuma consciência de nós mesmos. Mas se a morte nada mais é que uma mudança de residência, passagem a um lugar onde os mortos devem se reunir, que felicidade reencontrar aqueles que havíamos conhecido. Meu maior prazer será examinar de perto os habitantes dessa morada e perceber, como aqui, os que são sábios dentre aqueles que crêem sê-lo e não o são. Mas é tempo de nos separarmos, eu para morrer e vós para viver".

VII
A MULHER, VASO SUBLIME

O Homem e a Mulher não são seres em oposição entre si, mas criaturas que se completam. Assim, não há superioridade de um sobre o outro.

O que pode existir e que de fato existe, é uma diferença de tonalidade em determinados traços distintivos dos dois protótipos do gênero humano.

Há uma diferença sutil, como se Homem/Mulher fossem dois instrumentos musicais tocando em identidade de afinação, mas em diferentes tons melódicos.

São como dois frascos contendo substâncias semelhantes, mas não absolutamente iguais.

É inegável a diversidade não quantitativa, mas apenas qualitativa, na essência dos atributos constitutivos da personalidade em seu todo.

Uma disparidade assim de matiz, de tempero, de sabor, de aroma, de registro, de percepção, se assim se pode expressar.

Algo indefinível, porém marcante, a um só tempo.

Um desnível em teor de sensibilidade, de estética, intuição e desprendimento, de encanto, de resistência pela própria fragilidade, em dedicação, delicadeza e força, receio e destemor, simplicidade e grandiosidade, a um só compasso, de uma só vez!

Traços, nada mais que isso, e que no entanto resultam em acentuada distinção.

Aquele algo a mais que faz com que um dos pratos da balança se incline para um dos lados e que torne um dos seres muito mais especial e significativo. Aquilo que torna a Mulher não simplesmente um adorno da Natureza, mas a decisiva coluna de sustentação do equilíbrio e harmonia universais!

Indiscutivelmente, a Mulher possui mais sensibilidade, dispõe ela de maior capacidade de percepção, de mais acentuado senso estético.

Conta com maior resistência à dor e maior equilíbrio na adversidade.

Sua fragilidade é enganosa aparência, pois é possuidora de impressionante força interior, de inabalável disposição de espírito.

Não se amedronta diante de nada, não se acovarda perante coisa alguma.

Na infelicidade, supera-se a si mesma: na dor,

descobre um inesgotável manancial de resistência e de abnegação: na luta, defende-se e agride, ataca e esquiva-se, é "anjo e demônio", flor e espinho, dobra-se mas não se quebra, cede mas não se rompe, não se parte.

É imensurável seu potencial de amor e de sentimento. São indescritíveis a força e a grandiosidade do coração desta que Deus destinou para companheira e amparo do Homem.

A Mulher é tudo isto sempre, em toda e qualquer situação, porém é quando se torna Mãe que ela alcança sua total magnitude, atinge toda a sua potencialidade, adquire todo o vigor e energia, desabrocha todas as faculdades de sua Alma privilegiada!

É a Mulher, pois, o vaso sublime, Mãe do Homem, matriz da vida, sentinela da existência, protetora e inspiração da criança, abençoado caminho e porto seguro do gênero humano!

VIII
A MULHER NA ESPIRITUALIDADE

Léon Tolstói, na obra mediúnica "Ressurreição e Vida", fala da mulher de forma admirável.

Através de um seu personagem que, por ter levado uma vida de dissipações e afastado das coisas de Deus, passara longo tempo, após desencarnar, em zona de sofrimento e desespero, e somente conseguira empreender sua recuperação e seu reerguimento moral por se recordar de tudo o que sua Mãe lhe ensinara em criança. E faz ele um sentido apelo às mães e às mulheres em geral, nos seguintes termos:

"Gostaria de dizer às mulheres que são mães, e que vivem ainda sobre a Terra, que não se descuidem de ensinar a sublime Moral do Evangelho aos seus filhos pequeninos, no aconchego suave do lar. As sementes por elas lançadas naqueles corações iniciantes germinarão mais cedo ou mais tarde, revolvidas pelos labores ásperos do infortúnio ou do progresso, ainda mesmo se as torturas conseqüentes de um suicídio os assinalem no mundo das almas sofredoras como maus crentes que necessitarão repetir a dolorosa experiência da vida terrestre, a que desejaram se furtar pelas circunstâncias da violência suprema!"

E o autor, assim termina a história em questão: "Aí fica, mulher, o recado de um filho que somente encontrou forças para as tarefas de resgate das próprias faltas, nas lições de Fé e de Moral que sua Mãe lhe ministrara na infância, quando os desacertos da vida dele, o fizeram um condenado de além-túmulo".

Ainda Léon Tolstói, em um outro conto da mesma obra, ressalta a extraordinária importância da Mulher na vida do Homem:

"Uma Mulher faz falta, e falta desesperadora na vida de um Homem. Seja ela a Mãe, a irmã, a esposa, a amante ou a simples criada, há horas na vida de um Homem em que a Mulher é tão necessária ao seu trato que ele se desorienta e amarga tristeza lhe penetra o coração, desanimando-o, se não a vê servindo-o nas suas mil necessidades de cada dia.

Quando contamos apenas vinte ou trinta anos de idade e ainda vivemos ao lado de nossa Mãe e irmãs, amparados pelos seus inúmeros cuidados, não sabemos dar à Mulher o seu devido valor.

Quando possuímos um lar e temos a esposa como um esteio de nossas fraquezas, remédio das nossas preocupações e companhia fiel de nosso repouso, também não saberemos reconhecer o tesouro que sua presença representa na existência, onde lutas diárias se multiplicam ao nosso redor.

Possuídos do tradicional egoísmo que torna o Homem feroz, acreditamos que assim mesmo é que deve ser, que merecemos tudo isso porque temos direito a tudo, e que elas, as mulheres, não cumprem senão um estrito dever, qualquer que seja a sua condição no lar, aturando as nossas ingratidões e impertinências e nos adorando humildemente, como o cão fiel que nos lambe as mãos em muda veneração, não obstante o mau trato que recebe".

E ainda nesta mesma página, o mesmo personagem volta mais adiante a comentar a sublime importância da Mulher e o orgulho e egoísmo do Homem, dizendo: "Sondai o coração do Homem que vive só, por qualquer circunstância, desacompanhado dessa vigilância enternecida e passiva que sua Mãe, sua esposa ou sua amante lhe concedem. Indagai dos sentimentos de um Homem enfermo, que não encontra ao seu redor a mão suave e branca que lhe ajeite as cobertas no Inverno, que lhe adoce e sirva o chá, como se o fizesse a uma criança, ou lhe alise os cabelos com ternura, tentando adormecê-lo.

E então compreendereis que ele se sentirá o maior dos desgraçados, embora não o confesse jamais, porque o Homem é orgulhoso sempre e não confessa que necessita do auxílio da Mulher para se sentir feliz".

André Luiz, conforme sua própria narração em "Nosso Lar", em sua última encarnação foi um médico que teve uma vida afastada das Leis de Deus, tendo conseqüentemente seguido para o Umbral em meio a muito sofrimento e desespero, lá permanecendo por cerca de oito anos.

Foi por intercessão de sua Mãe, Espírito de grande elevação e habitante de um plano espiritual superior, que recebeu a dádiva de ser conduzido para "Nosso Lar".

Lá foi internado em um hospital para tratamento intensivo, estudou e elevou-se espiritualmente, recebeu a sublime oportunidade de trabalhar em favor do próximo, até merecer o ambicionado prêmio de se tornar um cidadão da colônia espiritual.

Entretanto, jamais deixou de contar com a assistência e o amparo de sua Mãe, que às vezes visitava-o, jamais abandonando-o à própria sorte, muito embora permanecesse ela em círculos mais altos.

Certa feita, a Mãe de André Luiz tendo ido visitá-lo, comunicou-lhe o propósito de voltar à Terra.

Como era natural, seu filho espantou-se com esta

resolução porque não tinha ela mais necessidade de outro ciclo nos escuros caminhos da vida carnal.

Com toda a serenidade, sua Mãe explicou-lhe que assim decidira para ajudar seu pai a se reerguer moralmente, ele que permanecia no Vale das Sombras, sendo ainda um descrente de coração envenenado.

André Luiz ponderou que ela poderia ajudá-lo mesmo de onde se encontrava, sem voltar à Terra com o esposo que deveria reencarnar.

Sua Mãe respondeu-lhe, então, de uma forma que reafirma toda a excelsa condição da Mulher onde quer que a mesma esteja: "Os Espíritos que amam, verdadeiramente, não se limitam a estender as mãos de longe. De que nos valeria toda a riqueza espiritual, se não pudéssemos estendê-la aos entes amados? Poderia uma Mãe residir em um palácio relegando os próprios filhos à miséria?!"

Identificando em sua Mãe todo o seu espírito de renúncia, André ajoelhou-se e beijou-lhe as mãos.

E desde aquele instante ele reconheceu que sua Mãe não era apenas sua Mãe. Era muito mais que isso. Era a mensageira do Mais Alto que sabia converter verdugos em filhos do seu coração, para que eles retomassem o caminho dos filhos de Deus.

IX
O MÉDIUM, FIEL DEPOSITÁRIO

"Esse dom lhes havia sido dado gratuitamente por Deus, para o alívio dos que sofrem e para ajudar à propagação da fé, e Ele lhes disse para não fazerem comércio, nem especulação, nem meio de vida".

Mateus, cap. X, v. 8

O Irmão "X" narra-nos a seguinte história:

"Na Roma antiga, um soldado por nome Teofrasto, homem de excelente coração, foi nomeado faroleiro pelo general Alcebíades num local da Sicília, a fim de orientar as embarcações em zona perigosa do mar.

Naquela região, rochedos pontiagudos afundavam galeras desprevenidas. Mesmo quando não havia tempestade, mesmo sem ventos fortes soprando sobre o mar, pequenos e grandes barcos, como que atraídos pela mortal armadilha, iam para o fundo do abismo líquido, como se fossem inocentes ovelhas conduzidas ao matadouro.

Muitos e muitos viajantes já haviam perdido a vida e seus bens na traiçoeira passagem.

Pescadores sem conta ali encontraram o fim de sua jornada terrestre, não mais regressando ao próprio lar.

O sinistro local era, assim, temido por todos os que necessitavam transitar por aquelas paragens.

Justamente para preservar a sorte de seus comandados e garantir maior segurança aos navegantes de um modo geral, o ilustre general localizou o soldado de tão boas qualidades morais num farol que se erguia na costa, com a missão de iluminar o caminho marítimo durante a noite.

Para garantir-lhe o sucesso em seu trabalho, enviou o general grande quantidade de óleo iluminante.

O servidor, honrado com semelhante mandato, permaneceria, pois, no ministério da luz contra as trevas, assegurando a salvação de todos os que transitassem por aquelas águas escuras.

De início, o soldado desenvolveu, sem dificuldades, a tarefa que lhe competia. Ao fim de cada dia, mantinha a luz do farol acesa, mostrando aos navegantes a rota salvadora.

Entretanto, quando os vizinhos souberam que o encarregado do farol era dono de um coração terno e bondoso, passaram freqüentemente a visitá-lo.

De fato, apreciavam suas boas qualidades morais, mas, no fundo mesmo, o que desejavam era a doação de óleo iluminante para atender às suas próprias necessidades.

Em pouco tempo, viu-se o faroleiro cercado por envolventes apelos. Cada visitante tinha um motivo relevante para fazer o seu pedido a fim de atender tarefas domésticas. Para melhor argumentação, levavam-lhe presentes.

Eram numerosas as solicitações, todas simpáticas e procedentes.

O faroleiro, tocado em sua sensibilidade, comovido diante de quadros tão angustiosos, não resistiu a requisições tão justas e oportunas.

E assim foi que passou a distribuir entre os solicitantes o combustível destinado à manutenção do farol. E, em poucas semanas, esgotou-se a reserva de doze meses!...

O farol ficou às escuras e o funcionário não pôde se comunicar com a devida urgência com seus superiores.

Por várias noites consecutivas, estando o farol apagado, embarcações e mais embarcações espatifaram-se nos traiçoeiros penhascos.

Muitas tropas afundaram, então; viajantes e pescadores, confiantes na luz salvadora encontraram ali o trágico desfecho de suas existências...

O general, naturalmente indignado, exonerou o incauto servidor de seu importante encargo, aplicando-lhe as penas da lei!"

O médium, no desempenho de sua luminosa tarefa, é também um faroleiro com importantes reservas de óleo para atender aos que navegam no oceano da experiência terrestre.

Todo médium é fiel depositário de combustível divino para cumprir sua missão redentora, indicando aos necessitados o caminho salvador e auxiliando-os a evitar os rochedos escondidos nas trevas.

Entretanto, muitos deles agem como o faroleiro desta história, perdendo a oportunidade do serviço vitorioso para atender a casos particulares que são, geralmente, bagatelas da vida. Ou, então, especulando com o dom que lhes foi gratuitamente conferido por Deus.

Os médiuns modernos — uma vez que os apóstolos também possuiam mediunidade ativa — igualmente receberam do Criador um potencial gratuito, qual seja o de servir de intermediários dos Espíritos para esclarecimento dos homens.

Os médiuns são portadores da sublime missão de medianeiros das entidades encarregadas de conduzir os homens à fé e mostrar-lhes os caminhos do Bem e da Virtude.

E como o médium não é dono de seu "óleo iluminante", porque não é a sua reserva produto de seu trabalho pessoal, nem de suas pesquisas ou de sua concepção particular, não pode fazer especulação, comércio ou meio de vida deste tesouro divino!

Deus quer que a luz chegue indistintamente a todos. O Criador não quer que o mais pobre fique deserdado da assistência espiritual, nem possa dizer: "Não tenho fé porque não a pude pagar; não tive a consolação de receber os encorajamentos e os testemunhos de afeição de meus entes queridos que partiram primeiro, porque sou pobre!"

Eis porque a mediunidade não é um privilégio de quem quer que seja, nem exclusividade de ninguém. A mediunidade não é propriedade particular, mas patrimônio universal e intransferível.

Cobrar pelo exercício de um dom que se recebeu em sublime confiança, é desvirtuar um potencial santificado e desviar uma prática sagrada de seu objetivo providencial.

A mediunidade séria não pode ser, nem nunca será, uma profissão, não somente porque estaria ela moralmente desacreditada, logo assemelhando-se o médium à cigana ledora da "buena dicha", como também um obstáculo material logo se lhe oporia.

A mediunidade, sendo como o é uma faculdade essencialmente móvel, fugidia e variável, a ninguém é dado contar com sua permanência indefinida.

Seria, pois, para o explorador, uma fonte muito incerta que lhe poderia faltar no momento mais necessário.

Não desbarate o médium o combustível iluminante destinado à manutenção do farol da intermediação espiritual.

O farol pode ficar às escuras e o faroleiro desprevenido pode vir a ser exonerado como incauto servidor de sublime encargo, sendo-lhe, ainda, aplicadas as penalidades da Lei.

X
EUTANÁSIA: UM DIREITO OU UM CRIME?

Conforme o dicionário, Eutanásia é a prática pela qual se busca abreviar, sem dor nem sofrimento, a vida de um doente reconhecidamente incurável.

Entretanto, nós não somos donos da própria vida ou proprietários da vida do próximo, para dela podermos dispor a nosso bel-prazer.

A vida é um dom, uma extraordinária concessão que Deus faz ao homem em sua oportunidade de progresso e de resgate de erros cometidos no pretérito. Ou seja, é a oportunidade sublime para se retomar a escalada evolutiva.

E, em assim sendo, que direito pode ter alguém de tirar a vida, de subtrair esta dádiva divina?!

Por acaso, se tomarmos por empréstimo uma importância em dinheiro, um veículo, uma propriedade, enfim, poderemos dispor, consumir ou destruir o objeto recebido em confiança, sem prestar contas ao legítimo proprietário?!

E, porventura, uma dívida, ou o compromisso assumido, deixará de existir pela simples extinção ou pela sonegação do móvel do empréstimo? Pois não disse Jesus "Dai a César o que é de César, e a Deus o que é de Deus?"

Será, então, procedente, esta chamada "morte por amor?"

Quem ama não mata! Já o disseram com muita razão as mulheres mineiras, a propósito da onda de crimes passionais cometidos por maridos sob a alegação de que haviam matado suas esposas por muito amá-las! Mas que estranho amor é este que destrói o objeto de sua afeição...

Alguém pode escolher o momento preciso de sua morte? Temos o direito de escolher uma morte serena, sem sofrimento?

É lícito determinar que qualquer pessoa, por maior que seja a ligação afetiva existente, não mais deva continuar vivendo à custa de medicamentos e de aparelhos?!

Os defensores da Eutanásia acreditam que sim porque, segundo afirmam, todos têm o direito de morrer com dignidade. Resta saber que tipo de dignidade é esta a que se referem com tanta ênfase!

Na Europa e nos Estados Unidos têm-se multiplicado o número de organizações que pregam a chamada "morte digna".

Associações no mundo todo defendem a aplicação da Eutanásia e o suposto direito de cada indivíduo dispor do próprio corpo e da própria vida.

Entidades já existem na Inglaterra e na Alemanha, com corpo de associados devidamente constituído que já atingiram até certos requintes na divulgação e na aplicação da intitulada "morte suave". Chegam a distribuir carteirinhas aos seus sócios, manual com receitas de suicídios e, por absurdo que isto possa parecer, enviam pelo correio, conforme solicitação, cápsulas contendo arsênico!

A dor, o sofrimento prolongado sem qualquer esperança de cura, os altos custos dos tratamentos, são motivos alegados pelos defensores da Eutanásia, justificando sua prática. É o desespero diante de uma dor inútil, dizem eles.

Contudo, muitas vezes, as razões são bem outras para se tirar, legalmente ou não, a vida do próximo. Para se ver livre do incômodo que representa um doente dito incurável; por interesses escusos como a intenção de se apressar o recebimento de herança ansiosamente aguardada; pelo desejo de ver rompidos indesejados laços matrimoniais, e questões outras assim, podem levar um parente, um dos cônjuges, um filho, um pai e até mesmo uma mãe, a determinar que uma existência seja interrompida.

Christian Barnard, o famoso médico sul-africano pioneiro dos transplantes de coração, confessou perante mais de cem mil pessoas que participavam na França de um Congresso Internacional em defesa da Eutanásia, que antecipou a morte de sua própria mãe que, aos 94 anos de idade, estava muito doente! Para Barnard o que importa não é a sobrevivência a qualquer custo, mas sim a qualidade da vida do paciente!

Mas estas pessoas que assim procedem, seja quem determinou a aplicação da Eutanásia ou seja o doente que solicitou sua prática, estão sujeitos à implacável Lei de Causa e Efeito, e pagarão pelo crime praticado. Longe de alcançarem o pretendido repouso e se subtrairem ao sofrimento, estão, isto sim, dando um salto no escuro num precipício em brasas, e estão indo de encontro a gigantescos padecimentos, bem como criando derivações de angústia para todos os envolvidos nestes atentados contra a vida.

A vida não se acaba com a morte do corpo físico. A vida se alonga eternamente, e desertar da existência não isenta ninguém do devido resgate.

Muito pelo contrário, serão acrescentadas as

agravantes, os juros e as penalidades todas do devedor que, tendo recebido a oportunidade de saldar seus compromissos, atirou fora os recursos mais preciosos que lhe foram confiados!

E a constatação da eternidade da vida e o confronto com a própria consciência, juiz íntegro e implacável, são os maiores castigos para aqueles que tentam burlar os desígnios do Criador.

E quem pode saber o tempo estipulado para a duração de uma vida?! Quem pode dizer, em sã consciência, se dispõe ainda de muitos anos de vida, ou se está determinado a viver muito pouco tempo, questão mesmo de dias ou de horas?!

Um doente desenganado pela Medicina, condenado a morte iminente, pode viver ainda por muito tempo, enquanto que uma pessoa aparentemente saudável, para quem se prevê uma longa existência, pode tombar inesperadamente, seja por morte natural ou vítima de trágico acidente! São inumeráveis os casos acontecidos nestas circunstâncias.

Veja-se o exemplo da norte-americana Karen Ann Quilan que em 1975, aos 20 anos de idade, entrou em coma ao ingerir um coquetel de calmantes e uísque durante uma festa. Os médicos diagnosticaram que Karen jamais recobraria a consciência e que só continuaria vivendo com a ajuda de um pulmão artificial. Seus pais pediram autorização à justiça para desligar os aparelhos e assim antecipar a morte de Karen. O Supremo Tribunal de Nova Jersey atendeu à solicitação da família da moça, e o pulmão artificial foi desligado. Esperava-se que Karen morresse em seguida, mas o que se viu foi que, contrariamente ao suposto desenlace imediato, a moça continuou viva ainda por mais dez anos!

Assim, sempre existe culpa por não se esperar o termo fixado por Deus. E é preciso que se tenha resignação e submissão à vontade do Criador, por mais difícil que isto se torne.

Em conclusão, por mais que se procure justificativas para o ato de antecipar a morte de alguém, por mais que se busque atenuar ou disfarçar o impacto de se tirar a vida de uma pessoa, mesmo que as leis humanas assim o permitam, eutanásia, suicídio, aborto, serão sempre crimes perante as Leis de Deus.

A vida material que nos foi concedida pelo Criador, só a Ele pertence. Logo, devem os homens se guardar de abreviar a vida, mesmo que seja por um só minuto, porque esse minuto de antecipação pode acarretar muitas lágrimas e muito sofrimento no futuro.

XI

FAMÍLIA CORPÓREA E FAMÍLIA ESPIRITUAL

Estava Jesus em uma casa e em volta dele reuniu-se verdadeira multidão a fim de ouvir suas palavras.

Quando disto souberam seus parentes, saíram para buscá-lo, dizendo que ele havia perdido o juízo.

Sua mãe e seus irmãos, em lá chegando, mandaram chamá-lo.

As pessoas sentadas ao redor do Mestre disseram-lhe que eles o estavam chamando. Foi então que Jesus lhes respondeu: "Quem é minha mãe e quem são meus irmãos?!"

E olhando para os que o estavam rodeando, disse: "Eis minha mãe e meus irmãos, porque aquele que faz a vontade de Deus é que é meu irmão, minha irmã e minha mãe".

Jesus falava por parábolas, narrativas de fundo moral e de caráter alegórico, e cujo conteúdo dá margem a diferentes interpretações.

Algumas palavras podem parecer estranhas nos

lábios do Mestre, mas é indispensável que se procure a verdadeira interpretação para seus dizeres.

Allan Kardec e os Espíritos que o auxiliaram na elaboração do "Evangelho Segundo o Espiritismo" deram uma versão das lições de Jesus que foi além das palavras em si mesmas, além da letra escrita.

Em verdade, o Cristo de Deus não falava aos homens, falava ao Espírito; não se dirigia, propriamente, às pessoas daquela época, mas deixou palavras eternas que são atuais em qualquer tempo.

O Mestre aproveitava toda ocasião que se lhe oferecesse para ministrar um ensinamento.

E foi o que também fez nesta oportunidade, quando disse: "Quem são meus irmãos e minha mãe?"

Embora, com relação aos seus irmãos saiba-se que jamais sentiram simpatia por ele. Eram espíritos pouco evoluídos que não chegaram a compreender sua missão. Julgavam eles que a conduta de Jesus era estranha, e o ensinamento do Unigênito dos Céus, de fato, não os tocou, já que deles não saiu nenhum discípulo. Tudo indica que eles, até certo ponto, participavam das prevenções de seus inimigos. E o certo é que acolhiam melhor um estranho que o próprio irmão, quando este se apresentava na família. João, o evangelista, disse, a propósito, que "Eles não acreditavam nele".

Quanto à sua mãe, é inegável que tinha ela grande ternura pelo filho. Mas necessário é que se diga que jamais demonstrou ter uma idéia muito precisa da missão de Jesus, pois nunca foi vista a seguir seus ensinamentos nem deles dar testemunho, como o fez João Batista. O sentimento maternal era nela o traço predominante, como de resto está presente no coração de qualquer verdadeira mãe.

Com respeito a Jesus, não se pode sequer supor que ele pudesse negar sua mãe. Seu caráter íntegro ficou mais que evidenciado. Tal pensamento jamais poderia partir daquele que disse: "Honrai vosso pai e vossa mãe".

Assim, é preciso que se dê a verdadeira interpretação às palavras de Jesus nesta passagem.

O Mestre aproveitou esta oportunidade para dizer que existe o parentesco material e o parentesco espiritual.

Os laços de sangue não estabelecem, necessariamente, os laços entre os Espíritos. O corpo descende do corpo, porém o Espírito não procede do corpo, porque já existia muito antes da formação da matéria.

Não são os pais que criam o Espírito de seu filho; o que fazem é contribuir para fornecer-lhe um envoltório físico, devendo dar-lhe, ainda, amparo moral e intelectual para sua evolução.

Assim, há duas espécies de família: as famílias formadas pelos laços espirituais e as famílias constituídas por laços corporais. As primeiras, duráveis, fortalecem-se pela depuração nas diversas migrações da Alma, e perpetuam-se no mundo dos Espíritos. As famílias estabelecidas por laços meramente corporais, frágeis como a própria matéria, extinguem-se com o tempo e, freqüentemente, dissolvem-se moralmente, não tendo, no mais das vezes, prosseguimento na Espiritualidade.

Os Espíritos que encarnam numa mesma família, principalmente entre parentes mais próximos, são Espíritos mais comumente simpáticos entre si, unidos por relacionamentos anteriores de simpatia.

Mas também pode acontecer que Espíritos de uma mesma família sejam completamente estranhos uns aos outros, ocorrendo até mesmo terem sido inimigos em existências anteriores. Por isso é que tão comumente se verificam os desentendimentos e as diferenças entre os integrantes de um mesmo núcleo familiar.

E para que possam se desfazer ódios e antagonismos de outras encarnações, Deus os reúne numa mesma família pelos laços de sangue, como provação. É o meio pelo qual pode um pai amar um antigo adversário seu, encarnado na pessoa de um seu filho.

Portanto, os verdadeiros laços de família não são os laços de consangüinidade, mas os de simpatia e de comunhão de pensamentos que unem os Espíritos antes, durante e após sua passagem pela Terra.

Donde se conclui que dois seres, descendentes de diferentes pais, podem ser mais irmãos entre si do que se o fossem pelo sangue. O povo em sua sabedoria latente diz nestas ocasiões: "Aqueles dois estimam-se como se fossem irmãos verdadeiros". E aí reside uma autêntica verdade: seres assim tão afins, que se procuram, que se entendem e que tanto se estimam, são, realmente, irmãos!

André Luiz, em "Nosso Lar", narra uma passagem que bem pode ilustrar esta circunstância: após ter permanecido por um certo tempo internado numa das alas do Parque Hospitalar, para refazimento e recuperação, foi autorizado a deixar o hospital. Poderia, então, residir em algum outro lugar da colônia espiritual. Foi aí que Lísias, seu enfermeiro dedicado e solícito durante todo o tempo de internamento, convidou-o para ir para sua casa. Lá, conforme Lísias, sua mãe dona Laura receberia André Luiz como seu próprio filho, e teria irmãos nas pessoas dele mesmo e de Iolanda e Judite.

A questão moral da formação dos núcleos familiares apenas poderia, mesmo, ser explicada à luz do Espiritismo com a visão ampla e racional da pluralidade das existências.

E claro fica assim o sentido das palavras do Mestre quando declarou: "Eis meus verdadeiros irmãos".

XII
DESENCARNAÇÃO/ ENCARNAÇÃO: UM IMPACTO!

Reencarnação é a volta do Espírito à vida corpórea, porém em um outro envoltório físico que nada tem de comum com o corpo anterior.

A Reencarnação não só é a questão fundamental do Espiritismo, como a explicação lógica e racional para todas as transcendentais inquietações do homem.

É a aplicação e a elucidação da Lei de Causa e Efeito. É a comprovação da própria justiça divina. É, enfim, a escada oferecida ao Espírito para sua migração evolutiva.

O ser humano é constituído de três partes essenciais: a Alma, o Perispírito e o corpo denso ou matéria física.

Pode, assim, o homem ser comparado a um fruto que contenha em seu íntimo a semente (Espírito), envolvendo a semente, a polpa (Perispírito) e, revestindo tudo, a casca (Corpo). Imaginemos, por exemplo, um abacate: sua semente seria o Espírito; o fruto, propriamente dito, seria o Perispírito; e a parte externa, a casca, corresponderia, então, ao corpo.

A Alma é um Espírito encarnado quando unido ao corpo denso, e Espírito errante, à procura de sua destinação, no intervalo das reencarnações.

O estado de erraticidade pode durar desde algumas horas até séculos e séculos, mas nunca é definitivo. Cedo ou tarde, o Espírito terá de retornar, voluntária ou compulsoriamente, a uma outra experiência física a fim de se purificar das faltas cometidas em suas anteriores existências e, desta forma, dar prosseguimento à sua caminhada rumo ao desenvolvimento supremo.

E os Espíritos errantes são felizes ou desgraçados, conforme seus próprios méritos ou em decorrência de suas próprias deficiências. Sofrem em razão das paixões que conservaram, ou são venturosos de acordo com seu grau evolutivo ou a desmaterialização a que atingiram.

Na erraticidade, o Espírito percebe o que lhe falta para ser feliz e, assim, procura os meios para promover sua correção.

Entretanto, nem sempre é permitido reencarnar

como seria o desejo do Espírito, devendo este, então, atender ao que lhe for determinado compulsoriamente, como punição.

No mais das vezes, reconhecendo suas necessidades evolutivas, o próprio Espírito solicita sua nova posição social, sua conformação física ou sua condição intelectual. Porém, neste caso, só é permitido o somatório de provas as quais o Espírito possa suportar, pois Deus não atribui carga superior àquela suportável pelo ser em experimentação.

O Perispírito é o laço a unir a Alma ao corpo denso. É de natureza semimaterial, fluídica, e que serve de meio de ligação entre o Espírito e a matéria. Por meio do perispírito é que o Espírito atua sobre o físico, e vice-versa. Após a morte do corpo material, o Perispírito conserva a aparência exterior do corpo de sua última encarnação.

O Corpo ou Matéria Densa, é a habitação do Espírito enquanto encarnado estiver. É um envoltório grosseiro para o Perispírito, animado por um princípio vital. Este princípio vital ou sopro da vida, é o mesmo para todos os seres vivos do Universo. Enquanto Espírito e Perispírito são eternos, o corpo denso morre na desencarnação. Com a morte do corpo físico, os laços que prendem a Alma à matéria são desfeitos, e o Espírito se liberta. Assim, a vida do corpo material é que é transitória, temporária.

Morrendo o corpo, o Espírito retorna à Eternidade que é seu "habitat" natural, sua pátria verdadeira.

Não é dolorosa a separação do corpo e do Espírito. O corpo sofre muito mais durante a vida física que propriamente em sua morte. E a morte física é um processo de que o Espírito não participa. Os possíveis sofrimentos no ato da desencarnação, têm a ver apenas com o corpo; para o Espírito, a morte da matéria representa o fim de seu exílio, a tão esperada liberdade.

Na morte natural, a que sobrevém pelo esgotamento dos órgãos, seja em conseqüência de idade avançada ou de prolongada moléstia, o homem vai deixando a vida sem o perceber. É tal uma vela que se vai consumindo pouco a pouco até se extinguir completamente.

Nos casos de morte violenta, por suicídio ou por acidente, o Espírito fica surpreendido, espantado, e não acredita estar morto. E isto porque não houve a devida preparação para a mudança do estado existencial. Vê seu próprio corpo, reconhece que aquele corpo é o seu, mas não entende porque se acha dele separado. Acerca-se das pessoas a quem estima, fala-lhes, mas percebe que não o ouvem. Semelhante ilusão permanece até o completo desprendimento do Perispírito e até que o recém-desencarnado tente tocar a si próprio e descubra, então, que no momento é um ser imaterial. Só aí o Espírito, surpreendido que foi pela inesperada morte de seu corpo, reconhece não mais pertencer ao mundo dos encarnados.

Nos casos de morte coletiva, a desorientação do Espírito é ainda maior, partindo cada qual para uma direção, necessitando, pois, do auxílio de entidades assistenciais para poder compreender seu real estado e para não ficar à mercê de Espíritos entranhados no mal.

O Espírito, em qualquer dos casos, não tem imediata consciência de seu desencarne. Passa, portanto, algum tempo em estado de perturbação, o que, contudo, não tem a mesma duração para todos os Espíritos. Depende do grau de elevação de cada um: aquele que já atingiu um apreciável nível de purificação se reconhece quase que de imediato; já o Espírito em grande débito guarda por longo tempo a impressão da matéria.

Logo o conhecimento do Espiritismo é de grande valia no reconhecimento do estado espiritual em seguida à desencarnação, uma vez que o Espírito previamente já compreendia o processo de alteração físico-espiritual.

No entanto, os fatores que mais influência exercem, no caso, são a prática do bem e o estado da consciência individual.

A consciência desempenha papel primordial, exercendo a função de implacável juiz a lembrar permanentemente as faltas cometidas. Até que o Espírito humildemente reconheça suas culpas e rogue ao Criador uma nova oportunidade evolutiva no plano carnal.

A Reencarnação é uma necessidade da vida do Espírito, assim como a morte física é um requisito indispensável da existência do corpo denso. É a Lei da Evolução que assim o determina.

No momento de reencarnar, o Espírito sofre uma perturbação muito maior que aquela do momento da desencarnação. Reluta em retornar à existência corpórea por ser uma vida de provação. E isto porque ao morrer o corpo denso, o Espírito reencontra sua liberdade, mas, ao reencarnar, ingressa na escravidão.

É assim como um navegante que solicitasse a devida autorização para empreender difícil e tormentosa travessia, e se amedrontasse no derradeiro momento por duvidar de suas próprias forças e não acreditar no êxito da jornada.

XIII
EDUCAÇÃO DA ALMA

"Deixai vir a mim os pequeninos".

Jesus

A Alma começa sua união com o corpo desde a concepção, união esta que só se completa por ocasião do nascimento. Contudo, a consolidação do Espírito só se efetua após os sete anos de vida física, passando, então, a Alma a assumir sua própria identidade.

O Espírito designado para habitar determinado corpo, a ele se liga por um laço fluídico que se vai apertando cada vez mais, até que a criança venha à luz.

A infância é um período de repouso para o Espírito encarnado. É uma espécie de trégua que lhe é concedida, umas férias existenciais.

Já a adolescência é um estado de convulsão em que o Espírito reassume seu verdadeiro caráter, a natureza que lhe é própria, em toda sua nudez. Se é um Espírito de boa índole, continuará sendo bom; se, porém, for rebelde, sua rebeldia se manifestará com toda a intensidade.

As crianças são os seres que Deus envia para novas existências, como um estudante que se mandasse estudar fora de casa. Seres necessitados na infância de amparo e de amor. Para que aqui não enfrentem excessiva severidade, dá-lhes o Criador todos os aspectos da inocência.

E como os Espíritos só entram na vida corporal para se aperfeiçoarem, para seu aprimoramento e para serem educados rumo à evolução, a delicadeza infantil torna-os brandos e acessíveis à influência dos que devem fazê-los progredir. É neste período que se lhes pode retificar os caracteres individuais e reprimir seus maus pendores.

Assim, a responsabilidade dos pais é por demais grande, pois Deus lhes impôs o dever de educar, de formar, de burilar, de contribuir, enfim, para com o progresso de suas crianças.

Pois Deus perguntará aos pais no ajuste de contas: "Que fizeste da criança confiada à sua guarda?"

Portanto, encaminhar, os filhos para a senda do Cristo, falar-lhes de Deus e da Eternidade, contar-lhes sobre Jesus que veio ao mundo para redimir a Humanidade; ensinar-lhes que pela oração se pode entrar em contacto com a Espiritualidade; acostumá-los a respeitar a própria consciência e a consultá-la em toda e qualquer ocasião; ensinar-lhes o valor do Bem e o potencial do Amor; eis o inarredável dever dos pais terrenos. É esta uma sagrada missão a que nenhum pai e nenhuma mãe poderá se furtar.

Não se pode, assim, preterir esta obrigação de encaminhamento e de orientação espiritual das crianças, sob nenhum pretexto. E o momento ideal para tanto é, pois, durante a infância, durante esta fase de receptividade, de aceitação dos pequenos seres. Não se pode perder esta ocasião propícia para se lançar a boa semente no terreno adequado para o divino plantio.

Os pais, de modo geral, e os pais espíritas de forma especial, devem ter sempre presente que "A Educação da Alma, é a Alma da Educação".

XIV
ESPIRITUALISMO E ESPIRITISMO

"Todo espírita é espiritualista, mas nem todo espiritualista é espírita".

Allan Kardec

Espiritualista é todo aquele cujo pensamento se coloca em oposição ao materialismo.

O espiritualista crê na existência da Alma e em sua sobrevivência à matéria.

Acredita, ainda, que o Homem não seja obra do acaso ou fruto da Natureza, pura e simplesmente.

Para o espiritualista, acima de tudo existe Deus, Suprema Inteligência, causa primeira de todas as coisas.

O Espiritualismo é a base, a matriz, de um grande número de correntes filosóficas, escolas, doutrinas, religiões.

É, assim, um campo vasto e fecundo onde adeptos dos mais diferentes matizes vão buscar os fundamentos de seus princípios, de seus postulados, de sua orientação.

No entanto, embora todos os espiritualistas tenham

em comum o ponto básico e fundamental da existência da Alma e de sua perenidade, há diferenças marcantes entre os numerosos seguidores do Espiritualismo.

Cada seita, doutrina ou filosofia, ramo ou religião espiritualista, possui suas características particulares, tem seu campo de atuação perfeitamente delimitado, dispõe de sua própria identidade.

Logo, não se pode rotular todos os fluxos espiritualistas como sendo uma só e mesma coisa. Os que assim o fazem, seja por ignorância ou por má fe, incorrem em erro, ou cometem injustiça.

O Espiritualismo, apesar de ser o ponto de largada de todas as correntes espiritualistas, abre-se no mais vasto leque de opções. É, pois, um manancial inesgotável de onde saem canais condutores para as mais diversificadas latitudes.

Eis porque não é lícito que se faça confusão entre as diferentes escolas espiritualistas.

Fora de suas linhas gerais, existem questões não coincidentes entre os vários setores do Espiritualismo, havendo mesmo pontos altamente discordantes. Quer com relação à maneira de se colocar e interpretar certos aspectos, como pela diferença de terminologia, ou ainda pela própria origem e estrutura doutrinária de cada corrente, há divergências irreconciliáveis.

Quanto à sua origem, algumas escolas espiritualistas — Rosacruz, Teosofia, Esoterismo, Bramanismo, por exemplo — estão vinculadas às tradições espiritualistas do Oriente; já o Espiritismo tem relações com o moderno Espiritualismo ocidental; e a Umbanda resultou do sincretismo religioso católico, indígena e africano.

As doutrinas espiritualistas orientais remontam à mais longínqua antigüidade. O Espiritismo, conquanto a fenomenologia e a manifestação mediúnica sejam tão velhas quanto o mundo, somente surgiu em 1857 na França.

As escolas espiritualistas orientais, assim como o Espiritismo, admitem a tese reencarnacionista. No entanto, há uma diferença fundamental em seus conceitos de reencarnação. O Espiritismo não admite a metempsicose — transmigração da Alma através do corpo do animal — é dogma reencarnacionista dos grupos orientais.

As filosofias procedentes dos velhos troncos orientais não negam a manifestação de entidades do mundo espiritual, contudo seus argumentos imortalistas não se apoiam nas práticas mediúnicas, segundo as normas espíritas.

Para o espírita a experimentação mediúnica é o

meio indispensável para a comprovação do espiritualismo científico. Assim o fenômeno que não é um fim em si mesmo, mas apenas um meio, torna-se a prova objetiva da imortalidade da Alma e de sua possibilidade de manifestação.

Logo, as doutrinas organizadas têm seu corpo de princípios, seus próprios postulados, sua orientação característica.

A propósito, diz Deolindo Amorim: "O Espiritualismo, em sua amplitude, é a matriz de muitas escolas, religiões e correntes filosóficas, mas a própria disciplina da inteligência exige que se dê a cada qual o seu lugar inconfundível. Espiritismo é Espiritismo; Teosofia é Teosofia; Ecletismo é Ecletismo. É melhor discernir que confundir, pois é discernindo que se põe ordem nas idéias para procurar a verdade".

De Allan Kardec: "O Espiritismo é uma nova ciência que, com provas irrecusáveis, vem revelar aos homens a existência e a natureza do mundo espiritual e suas relações com o muno corporal".

Concluindo: muito embora o Espiritualismo genericamente possa abranger o Espiritismo, a Doutrina Espírita se apresenta com características que lhe são próprias e com aspectos inconfundíveis que estabelecem, com precisão, sua identidade.

XV
A GRANDE VIAGEM DE VOLTA AO PASSADO!

> "Nicodemos lhe diz: "Como pode um homem nascer de novo sendo já velho? Pode entrar no ventre de sua mãe, para nascer uma segunda vez?"
>
> *Mateus*

Recentemente, realizou-se em São Paulo, com a presença de pesquisadores e cientistas de todo o Brasil e de mais doze países, o 1º Congresso Internacional de Terapias Alternativas.

Foram apresentados, então, cerca de 70 trabalhos e pesquisas de laboratório sobre a aplicação de métodos como a Transferência de Energia (Passe Magnético), Psicoterapia de Vidas Passadas, Redefinição dos Conceitos de Saúde e Doença, e Estudos da Aura Humana.

Um destes trabalhos foi o de um cientista romeno que por vários anos aperfeiçoou aparelhos e equipamentos que, além de captar a Aura, mostram este campo energético humano e cores em circuitos fechados de televisão. Estas pesquisas foram feitas, principalmente, nos Estados Unidos onde os médicos já estão prevenindo enfermidades a partir do estudo da Aura do paciente.

Na mesma linha de experiências, um cientista americano, com o auxílio de uma sensitiva (médium), divulgou o método pelo qual conseguiu inibir o crescimento de bactérias por meio de passes.

Também foi apresentado o trabalho de um médico brasileiro que vem obtendo excelentes resultados no tratamento e cura de certos tipos de câncer, graças à aplicação de passes e radiações magnéticos. Foram relatados — e comprovados com radiografias — 16 casos.

Outro acontecimento de enorme significação e que vem, da mesma forma, comprovar as teses espíritas relativas à Reencarnação, à Mediunidade e ao emprego de Passes e Radiações com transferência de energia pela imposição das mãos, foi a publicação de extensa reportagem na revista de Ciência Psíquica "Psicologia e Comportamento".

Nesta matéria especializada, renomadas psicólogas abordam o processo de tratamento psicológico baseado em acontecimentos de uma vida anterior do paciente, intitulado

"Terapias de Vidas Passadas". Baseia-se na circunstância de que um determinado trauma psíquico pode afetar, no presente, uma pessoa, sem que se possa encontrar em nenhuma das fases de sua atual existência uma causa que possa justificar o desequilíbrio psicológico evidenciado pelo paciente. Mesmo que se faça uma regressão da memória até a vida intra-uterina, nada há que justifique o desvio psíquico. Portanto, a causa do trauma só pode residir em um fato ocorrido em uma vida anterior.

O método "Terapia de Vidas Passadas" foi criado e desenvolvido por um médico-psicólogo americano, professor da Universidade da Califórnia, Estados Unidos.

Busca-se, por uma regressão através do inconsciente até um período pré-natal, anterior ao nascimento da pessoa, encontrar o fator desencadeante do trauma psíquico que permanece registrado nos arquivos da memória do paciente!

E nesta grande viagem de volta a existências pretéritas, chega-se a descobertas inquietantes.

Uma pessoa que sofra de determinada fobia — medo incontrolável de altura, por exemplo — em uma de suas vidas passadas, provavelmente, teve morte causada por queda de algum ponto de elevada altitude.

E conhecida qual a experiência traumática ocorrida em uma vida anterior, pode o psiquiatra transformar a carga energética do paciente, levando-o a se desligar do passado, e eliminando a tensão que o impedia de ter uma vida normal no presente.

Vários são os casos relatados nesta reportagem: certo paciente tinha um medo terrível de água, pavor de nadar, mesmo que em local sem correnteza, como piscina. E nesta existência nenhum acontecimento doloroso justificava esta fobia. Regredindo seu inconsciente até uma vida anterior, constatou-se que o paciente morrera por afogamento!

Uma mulher era portadora de incontrolável temor de manter relações sexuais, o que estava levando seu casamento à dissolução. E nada havia nesta vida que pudesse acarretar seu problema sexual. Numa das sessões de terapia, chegou-se ao seu período pré-natal quando ela reviveu uma cena em que sua mãe, grávida, fora obrigada a manter uma relação com um homem violento e alcoolizado. Em seguida, acionada a memória de vidas passadas, foram constatadas violências sexuais sofridas pela própria paciente. Conhecida a causa da anormalidade, o efeito pôde ser afastado, o padrão de medo eliminado, e a paciente passou a ter uma vida sexual sem problemas.

Num caso de dores de cabeça terríveis, e sem causa

aparente na presente existência, além das pressões sofridas na cabeça durante seu processo de parto, uma outra paciente reviveu dois acidentes que, em outras duas encarnações suas, levaram-na à morte: num acidente sofreu fratura de crânio e em outro foi baleada na cabeça!

A reportagem em pauta, que se alonga ainda mais, termina com uma das psicólogas declarando: "A Terapia de Vidas Passadas não existiria se não existisse o fato da morte material e do renascimento em outras existências!"

E será, porém, permitido um tratamento, uma terapia, uma investigação, fundamentados em causas ocorridas nas vidas passadas dos pacientes?

Léon Tolstói diz que nos devemos valer dos recursos que a ciência psíquica oferece. Pois se Deus concedeu ao homem tal poder, é porque lhe é facultado pelas leis divinas exercer este mesmo poder para os serviços do bem.

XVI
CASOS QUE SUGEREM REENCARNAÇÃO

a) *O caso das mulheres australianas.*

Um filme australiano, com duas horas de duração, foi mostrado pela televisão inglesa. Tema: "A Reencarnação".

O documentário, produzido em Sidney, Austrália, relata a experiência realizada com quatro donas de casa que, sob transe hipnótico, relembraram suas vidas passadas.

O jornal "Psychic News", editado em Londres, publicou um resumo deste filme. A folha "Espiritismo e Unificação" da cidade de Santos (SP) reproduziu o trabalho, traduzido e adaptado.

As quatro mulheres australianas puderam sob regressão hipnótica recordar-se de suas vidas passadas na Europa. E os investigadores trouxeram-nas da Austrália para a Europa a fim de visitarem os lugares onde diziam ter vivido, colhendo provas da veracidade de suas informações.

A experiência com as donas de casa australianas foi conduzida pelo hipnoterapeuta Peter Ramster, que possui atuação em mais de dois mil casos pesquisados.

Após terem as mulheres relatado suas vidas passadas, a equipe investigadora realizou extensa e cuidadosa verificação para assegurar que nenhuma delas houvesse visitado os países citados e onde teriam vivido há muitos anos, durante o regime nazista.

E a peregrinação por diversos pontos da Europa permitiu constatar dados, detalhes, particularidades relativas a locais e pessoas, através de documentação encontrada em bibliotecas, prefeituras ou capelas, ou pelo testemunho de anciãos residentes nos lugares visitados.

Em alguns casos, os relatos das mulheres revelaram-se mais precisos e pormenorizados que os documentos existentes a respeito, ou demonstraram elas conhecer mais sobre os locais visitados que pessoas que por lá sempre tinham vivido! E as mulheres jamais haviam saído da Austrália na atual existência!

Ao término do filme, o hipnoterapeuta Peter Ramster dirige-se aos telespectadores nos seguintes termos: "As pessoas tentam explicar a Reencarnação dizendo que ela é fantasia, memória genética ou de livros. Este filme baseia-se em fatos, não em fantasias. As pessoas não seguem a mesma linha genética de seus ancestrais. A Ciência está agora conhecendo quão pouco nós sabemos da vida além do corpo, além da mente".

b) O caso do garoto Sibélius.

Este caso do menino Sibélius ficou conhecido em todo o país quando a TV Globo mostrou-o no "Fantástico".

Até cerca de quatro anos de idade, Sibélius apresentava sinais de raquitismo, não andava e não falava. Os pais tratavam o pequeno com um neurologista em Recife, sem grandes esperanças de cura.

A família residia em uma casa de dois pavimentos. Certa noite, o pai, que já estava em seu quarto, ouve intrigado sons do piano instalado na parte térrea da residência. Alguém executava a melodia "Assum Preto" de Luís Gonzaga com grande perfeição. Qual não foi a surpresa do economista Josemar Tenório Donato quando descobre que o pianista outro não era senão seu filhinho Sibélius.

A partir daí Nino, como o pequeno Sibélius é carinhosamente chamado, deixou de ser o garoto doentio, raquítico, sem locomoção e incapacitado de falar. Não só conseguiu as mais perfeitas condições físicas, como passou a ser um exímio pianista e organista, sem ter recebido qualquer instrução musical.

A segunda melodia executada por Nino ao piano foi a Sinfonia nº 40, de Mozart. E a partir daí executa clássicos famosos, bem como compõe música erudita.

Sibélius que atualmente tem 11 anos de idade, precisa ouvir apenas uma vez um LP para reproduzir impecavelmente todas as melodias do disco.

O menino Sibélius deseja agora ir para a França estudar música e continuar compondo e executando ao piano e ao órgão.

E há um outro aspecto sugestivo neste intrigante caso do menino prodígio: Sibélius demonstra um apego incomum pelas crianças pobres e deficientes. Este Espírito privilegiado declara querer colocar seu talento a serviço da caridade e da fraternidade, em favor dos necessitados!

Que outra explicação lógica e racional poderia existir para mais este fenômeno senão a reencarnação, a peregrinação da Alma por sucessivas existências adquirindo conhecimentos e se aprimorando espiritual e artisticamente, de uma para outra vida?!

Ou será que se pode explicar de uma outra forma o conhecimento inato, o gênio precoce, o garoto prodígio que, sem ter recebido instrução especializada e sem ter tido o tempo de vida necessário para fazer desabrochar seus pendores artísticos, assombra a todos com a exuberância de um talento extraordinário?!

XVII
A VERDADE

Que é a Verdade?

Eis a indagação que, desde os mais remotos tempos, vem intrigando a mente humana.

Onde está a Verdade?

Eis a questão.

Filósofos, intelectuais, estudiosos, têm gasto precioso tempo de suas existências buscando uma cabal definição da Verdade.

Pessoas de todas as categorias e condições, interrogam a si mesmas e aos outros, procuram em tudo e em todos os indivíduos, a ansiada resposta.

No entanto, cada qual enxerga a Verdade de acordo com sua visão particular, conforme suas conveniências ou interesses, consoante a posição em que estiver colocado ou o papel que estiver desempenhando.

Assim, a Verdade não é universal, não é a mesma para todos. Cada pessoa julga ser a Verdade propriedade sua, cada qual tem a "sua" Verdade.

Logo, a Verdade do subordinado não é a mesma de seu superior hierárquico; o sábio e o homem comum têm pontos de vista completamente diversos: o professor e seu aluno, governantes e governados, humildes e poderosos, todos têm diferentes concepções da Verdade. E de tal modo isto ocorre que, em se mudando de lado ou assumindo-se um outro papel, muda-se igualmente o conceito da Verdade.

Portanto, se o empregado transformar-se em patrão; o discípulo passar a professor; o soldado chegar a oficial; ou o ex-comandado assumir o posto de comandante, se o homem do povo for eleito governante, se o antigo pobre converter-se no atual milionário, a interpretação da Verdade mudará radicalmente. E cada qual passará a adotar e a defender a Verdade antes tão combatida e repudiada!

"Os Cegos e o Elefante" é uma história bastante conhecida e que bem ilustra esta questão: "Cinco cegos foram colocados ao redor de um elefante a fim de que cada um deles desse a sua própria versão do paquiderme. Para o cego colocado junto à perna do elefante, o animal era uma robusta coluna. O cego que se posicionou em sua lateral, declarou ser o mesmo uma muralha. "O elefante é uma cobra gigante", definiu o outro cego apalpando sua tromba. "Nada disso, todos vocês estão errados, gritou o cego que segurava a cauda, o elefante nada mais é que uma corda!" E, finalmente, para o cego que examinou as presas, o elefante era um par de aguçadas lanças..."

E cada homem deu a sua própria, mas incompleta definição, uma vez que cada cego tivera nas mãos uma parte do animal e nenhum percebera o elefante inteiro!

Temos aí algo muito natural e próprio da natureza humana: a propriedade de aceitar a parte pelo todo, principalmente quando lhe cabe defender sua própria parte!

E há também aquela anedota da mãe que fora ver seu filho desfilar na grande comemoração cívica e dizia, orgulhosa, à amiga: "Veja lá como só meu garoto sabe marchar: todos os outros estão com o passo errado!..."

O homem é, de fato, um ser imperfeito e falível, pois se assim não o fosse não estaria ele na esfera terrestre.

Ninguém pode vangloriar-se de possuir a Verdade toda, nenhuma seita religiosa ou corrente de pensamento pode proclamar a posse da Verdade absoluta.

A Verdade completa só é partilhada por Espíritos de ordem muito elevada, e a Humanidade não poderia, jamais, ter esta pretensão, pois não lhe foi dado saber tudo, conhecer todas as coisas. Como disse André Luiz: "A existência humana apresenta em sua grande maioria vasos frágeis que não podem ainda conter toda a Verdade".

Que se fortaleçam, primeiramente, os vasos humanos...

Mas a Verdade está no íntimo de todo ser, basta que ela seja procurada com coragem e isenção de ânimos. Deus está dentro de cada pessoa, com ou sem o seu consentimento!

Porém, a Verdade dói e incomoda. A consciência é um juiz íntegro, mas desagradável. A Verdade é como a luz que, quando mal dosada, fere os olhos!

Jesus falava por parábolas o que dificultava, e dificulta ainda agora, o perfeito entendimento de sua mensagem. Suas palavras dão margem às mais contrastantes interpretações. E foram, justamente, as diferentes e particulares formas de traduzir, de interpretar, a lição do Cristo de Deus que deram origem à constituição de tantas religiões, de tantas seitas. E assim continuará sendo até o final dos tempos: sempre que alguém se julgar o iluminado intérprete da Divina Verdade, estará sendo apontado um novo caminho!

Mas assim será até que os homens estejam suficientemente fortalecidos para receber a pura e cristalina água da fonte eterna que prossegue sussurrando docemente: "Amai-vos uns aos outros"...

O Espiritismo, admitindo que a Caridade possa ser praticada por todos, admite igualmente que qualquer um tem a oportunidade de alcançar a própria salvação ou atingir o ponto mais alto de sua evolução espiritual, seja qual for sua crença ou linha de pensamento, desde que observe a Lei de Deus.

A Terceira Revelação não veio afirmar que "Fora do Espiritismo não há salvação!". Também não pretendendo ainda ensinar toda a Verdade, não diz "Fora da Verdade não há salvação!", já que, se assim o fizesse, estaria desmentindo sua própria destinação, estaria, pois, cindindo, separando, ao invés de promover a união de todos os homens.

A Doutrina Espírita, veio, precisamente, para promover a união e a fraternidade, e para esclarecer que na Terra nada, nem ninguém é detentor da Verdade absoluta. E isto porque não é dado ao homem penetrar no âmago de todas as coisas já que Deus não permitiu ainda que tudo nos seja revelado neste mundo.

Mas, afinal, onde está a Verdade?!

No mais infamante julgamento de toda a História, quando se absolveu o sangüinário criminoso Barrabás para, em seu lugar, ser condenado o Cordeiro de Deus,

Pôncio Pilatos, Governador da Judéia e juiz do iníquo tribunal, perguntou a Jesus: "O que é a Verdade?"

E o Salvador deu aquela que, realmente, é a resposta decisiva e que por todo o sempre definirá a Verdade: "Eu sou o Caminho, a Verdade e a Vida".

XVIII
ZONAS VITAIS DA INDIVIDUALIDADE (CENTROS DE FORÇA DO PERISPÍRITO)

Há energias de aspectos diversos circulando no Cosmo que alimentam a vida de todos os seres. Estas energias têm várias origens: a Terra, o solo, o Sol, a Lua, o ar, o mar, o espaço infinito.

As forças espirituais ou cósmicas, vindas do espaço ou da Terra, penetram nos centros de força situados no perispírito, daí passam para os plexos orgânicos e destes para os nervos, transitando assim por todo o organismo.

Todas estas energias têm características próprias, vibrações, ondulações e cores distintas.

As energias que fluem pelos centros de força espiritual, possuem uma determinada medida de onda, determinada cor e movem-se por ondulações.

As forças provindas do centro da Terra são primárias e violentas.

São inúmeras as energias provenientes do espaço cósmico, como os raios solares, a eletricidade, os raios cósmicos ou o magnetismo, por exemplo.

Estas energias o homem absorve pela alimentação, pela respiração, pela epiderme ou pelos centros vitais ou centros de força espiritual que se conjugam nas ramificações dos plexos.

O homem encarnado nutre-se de alimentos sólidos e líquidos que absorve pelo Aparelho Digestivo. Na alimentação humana, destacam-se os vegetais, portadores de sais minerais, energias solares fixadas pela fotossíntese e as vitaminas. Alimenta-se, ainda, de ar atmosférico, absorvido pelo Aparelho Respiratório e pela pele. E, finalmente, o ser humano é alimentado por energias espirituais (fluidos energéticos e raios cósmicos) que assimila pelos centros de força espiritual.

Há três regiões orgânicas fundamentais e que se constituem nas Zonas Vitais da Individualidade: o Centro Vegetativo, ligado ao ventre, como sede das manifestações fisiológicas; o Centro Emocional, zona dos sentimentos e desejos, sediado no tórax, e o Centro Mental, o mais importante por excelência, situado no cérebro.

No homem comum, o centro vital de força espiritual apresenta-se como um círculo de, aproximadamente, cinco centímetros de diâmetro, de pouco brilho. Porém, no homem de elevada espiritualidade, estes centros vitais aparecem como núcleos luminosos e refulgentes.

Quanto mais ativo ou desenvolvido o centro de

força espiritual, maior capacidade de energia e de vitalidade comporta. E, na mesma proporção, são suas possibilidades de empregar estas forças.

Segundo Clarêncio, instrutor de André Luiz ("Entre a Terra e o Céu"), o perispírito está intimamente regido por sete centros de força que se conjugam nas ramificações dos plexos e que, vibrando em sintonia uns com os outros, ao influxo do poder diretriz da mente, estabelecem para nosso uso um veículo de células elétricas que pode definir como sendo um campo eletromagnético em que o pensamento vibra em circuito fechado.

Os plexos estão situados no corpo físico, constituindo conjuntos e aglomerados de nervos e gânglios do Sistema Vago-Simpático que regula a vida vegetativa do corpo humano.

Analisando a fisiologia do perispírito, o instrutor Clarêncio, assim classifica os centros de força espiritual:

1) Coronário — localizado no alto da cabeça — é o mais significativo por seu alto potencial de vibrações. Estabelece a ligação com a mente e é o órgão de ligação com o mundo espiritual superior. Comanda os demais.

2) Cerebral ou Frontal — localizado na fronte, contíguo ao Centro Coronário. Ordena as percepções exteriores por intermédio dos órgãos dos sentidos e as transmite ao cérebro para conhecimento do Espírito. Aqui fica, ainda, a coordenação

da vasta rede de processos da inteligência que dizem respeito à Palavra, à Cultura, à Arte e ao Saber. É também no Centro Cerebral ou Frontal que reside o comando do núcleo endócrino, responsável pelos poderes psíquicos.

3) Centro Laríngeo — sediado na garganta — regula as atividades ligadas ao uso da palavra, inclusive a atuação do timo, da tiróide e das paratiróides.

4) Centro Cardíaco — que fica na região precordial — sustenta os serviços da emoção e do equilíbrio geral.

5) Centro Esplênico — localização: baço; plexo mesentérico — responsável pela circulação adequada e pela distribuição dos recursos vitais (raios, magnetismo, fluidos, e outras energias), pelo corpo denso.

6) Centro Gástrico — sede: estômago; plexo solar — regula a penetração de alimentos e fluidos no corpo físico.

7) Centro Genésico — localizado no baixo-ventre, tendo o Hipogástrico como seu plexo correspondente — é o centro regulador das atividades ligadas ao sexo, templo modelador de formas e estímulos.

Quando algum centro de força espiritual não funciona bem, a corrente de energia que por ele flui diminui ou cessa, produzindo perturbações físicas ou mentais de variável gravidade. É a doença.

A saúde corresponde ao equilíbrio interno justamente

estabelecido pelo antagonismo automático do sistema de nervos Vago e Simpático, e também ao adequado funcionamento do fluxo de energias dos centros de força espiritual.

A saúde se rompe quando ocorrem intervenções diretas do Espírito que age através dos plexos, principalmente o plexo solar localizado no estômago e que pertence ao Centro Gástrico. Foi por sua notável importância que o plexo solar recebeu denominações especiais como "foco-da-alma", "coração-moral das entranhas" e " cérebro-abdominal".

Na cura pelos passes que são meios de reativação energética, os fluidos que se transmitem aos centros de força deficitários, sendo possuidores de vibrações muito mais rápidas que os da matéria pesada, deslisam pelas células epiteliais, atingem a enervação periférica e daí vão ter aos plexos, produzindo reflexos que influem positivamente sobre todo o organismo.

A ação do Espírito sobre o Sistema de Nervos Cérebro-Espinhal é toda intelectual, direta e individual, ou seja: para cada caso que surja há uma solução própria e imediata, uma reação, uma resposta especial, que parte do cérebro para o ponto onde ocorre o distúrbio. Exemplo: a picada de uma agulha na ponta de um dedo.

A atuação do Espírito sobre o Sistema Vago-

Simpático — o Vegetativo — é por ação direta e permanente: os órgãos funcionam automaticamente por impulsos vindos do perispírito. Isto é, a simples presença do Espírito determina o funcionamento automático do conjunto: plexos mais centros de força mais nervos, o que leva todos os órgãos a um funcionamento regular, sem consciência da mente encarnada.

Entretanto, tanto a atividade nervosa consciente do sistema central, como a automática do vegetativo, têm sua origem no cérebro e quando este se cansa, ocorrem descontroles e moléstias graves.

Os medicamentos químicos agindo sobre as vísceras, músculos e nervos, podem ter ação apenas paliativa e, não raramente, provocar um desequilíbrio no sistema Corpo-Perispírito-Espírito. É por esta razão que a Medicina, muitas vezes, não consegue curar determinadas moléstias por levar em consideração alterações meramente físico-fisiológicas. Entretanto, o corpo humano é só um dos termos desta divina equação que é o Homem.

A máquina humana viva, sensível, perfeita, foi moldada durante a gestação com base em matrizes que vêm sendo selecionadas há milhões de anos, porém seu funcionamento depende da presença da mônada espiritual, da centelha divina, do Eu espiritual.

XIX
O AMOR

"Que estranhos mistérios Deus coloca nos corações que amam."

André Luiz

De repente, não mais que de repente, como diria o poeta Vinícius de Moraes, olhares se cruzam e uma estranha sensação apodera-se de dois seres.

É algo que não se explica em palavras, uma atração, aparentemente, sem quê nem porquê!

Realmente, é um mistério o que leva duas pessoas a se sentirem envolvidas nesta nuvem suave e inebriante.

E muitas vezes acontece entre criaturas que mantinham permanente contacto entre si, que faziam parte do mesmo círculo de relacionamento, que se conheciam de há muito, mas que jamais haviam sentido algo de especial um pelo outro.

Ou, então, pode ser aquela coisa fulminante entre um homem e uma mulher que nunca dantes se cruzaram, mas que se sentem como que eletrizados ao se depararem pela vez primeira.

E, após este irresistível encantamento, corações e pensamentos não se ocupam de outra coisa senão do objeto de sua afeição.

Aí, tudo em volta se transforma, as coisas todas parecem mais belas e mais alegres, as pessoas mais amigas, os próprios sentimentos mais puros e mais elevados...

É, de fato, como se os enamorados passassem a usar óculos cor-de-rosa e adquirissem, desde então, outra visão da vida, uma visão muito mais romântica e idealizada.

Não se consegue definir as origens e os ingredientes da estranha sensação, do misterioso enlevo.

Mas quem precisa identificar, rotular, descrever ou traduzir semelhante êxtase?!

O Amor não é para ser explicado, mas para ser sentido, vivenciado, fruído, degustado...

E, no entanto, infelizes existem cujo coração, árido e empedernido, jamais bateu mais aceleradamente por quem quer que seja!...

Mas o Amor, sublime sentimento que embriaga alma e coração, é muito mais significativo que mera atração física ou simples desejo sexual.

"Os que amam fundem as almas no entendimento recíproco", diz Emmanuel.

Tampouco a paixão, esta compulsiva sensibilidade que abrasa os sentidos e obscurece a Razão, pode ser confundida com o verdadeiro Amor.

A paixão, conquanto seja uma atração fulminante, um sentimento irrefreável, imenso e dominador, carece de raízes e acaba tão surpreendentemente como começou. E a paixão não deixa vestígios no coração, a não ser cicatrizes, e uma desagradável sensação de amargor e frustração.

Mas, afinal, por que esta procura, esta atração, esta ânsia incontida a imantar dois seres, assim num átimo, sem mais aquela, de forma total e inesperada?!

Seria o acaso, os imprevistos da sorte, algum acontecimento fortuito a propiciar este encontro?!

E é aí que reside o mistério maior: assim como não existe acaso, os imprevistos da sorte, também não existe encontro fortuito.

O que há, o que ocorre, em verdade, é sempre um reencontro!

De acordo com a sabedoria de Emmanuel. "Ninguém se encontra sem um objetivo. A simpatia ou a antipatia não se fazem num minuto. São obras do tempo. A confiança com que nos entendemos, os laços de afeição que nos aproximam, ou a aversão que nos repele uns aos outros, não constituem simples eventualidade. O acaso não existe. Procedemos de um passado, assim como o dia de hoje é a continuação do dia de ontem, na seqüência das horas".

Assim, pois, fica explicado porque estas duas criaturas que se cruzam em meio à multidão, que se deparam nos lugares mais estranhos e inusitados, se procuram e se acham.

Elas estão, realmente, apenas se reencontrando, renovando um relacionamento de passadas existências!

O que parece casualidade nada mais é, portanto, que o cumprimento de uma determinação!

E este reencontro tanto pode acontecer para dar prosseguimento a ligações fraternas, amoráveis, ideais, como ainda para acertos, provas, reparações.

E é justamente por isto que, às vezes, a união, o enlace, o casamento, enfim, do par amoroso, pode dar continuidade à empolgante ventura do reencontro.

No entanto, esta possibilidade é mais difícil de ocorrer porque "as almas capazes de tecerem a perfeita união conjugal, habitualmente se encontram tarde demais. Quando não são surpreendidas pela morte que as separa em plena alegria, são detidas por insolúveis compromissos que lhes inibe a aproximação", conforme Emmanuel.

O mais comum de acontecer é a transformação do encantamento, da doçura e da afabilidade do namoro e do noivado, em rusgas, atritos, desentendimentos, quando já no casamento. E não é impossível tudo resultar nos mais dolorosos dramas passionais.

E quando a magnética atração de antes se transmuda em aversão, e o amor e o carinho desaguam no mais acendrado ódio, a desilusão é angustiante.

E o róseo sonho passa a desesperador pesadelo...

Eis que, passada a fase do devaneio, ouve-se dos infelizes protagonistas de desastres conjugais: "Ah! se eu soubesse!... " Mas aí é que está: se o desditoso casal pudesse prever ou, pelo menos, imaginar que seus planos e projetos de ventura eterna fossem terminar em dor e sofrimento, a união jamais ocorreria. E o que estava determinado não poderia se concretizar...

Daí que o programa de serviço traçado para cada um de nós para a reencarnação, que nos compele a retomar, na intimidade, todos os nossos erros e desacertos, ficaria frustrado. E também a oportunidade de se redimir!

E como a Doutrina Espírita encara o divórcio? O

divórcio adia o resgate! Logo, a separação dos cônjuges apenas prorroga uma dívida que deverá ser paga, se não nesta, em uma futura existência!

Também na Espiritualidade ocorrem os acertos amorosos, apenas de maneira sempre elevada e ideal. André Luiz, narra em "Nosso Lar", que o "Bosque das Águas", um dos mais belos recantos da colônia espiritual, era um dos locais prediletos para a excursão dos enamorados que lá iam tecer as mais lindas promessas de amor e fidelidade, para as experiências na Terra!

Igualmente no livreto "Trovas do Mais Além", obra mediúnica de vários autores, psicografada por Francisco Cândido Xavier, encontramos deliciosas referências ao Amor sob o prisma espiritual.

Vejamos algumas destas belas quadrinhas:

"Só existe céu no Céu,
Quando a morte nos reclama,
Se temos ao nosso lado,
O coração que se ama."

* * *

"Dois pedidos me atormentam,
Sem que me alegre ou me queixe:
Pede o tempo que te ame,
Pede a vida que te deixe."

* * *

"Amor terrestre sem corpo
É tão real e violento,
Que só se nasce no mundo
Em bases de esquecimento!"

* * *

"Amor quando chega ao Céu,
Purificado a contento,
Lembra o perfume da rosa
Em busca do firmamento!"

XX
ESPIRITISMO X UMBANDISMO

Estes por ignorância, aqueles por má fé, outros ainda por conveniência, costumam rotular Espiritismo e Umbandismo como "uma só e mesma coisa".

Até mesmo certas obras de antropólogos, sociólogos e outros estudiosos, confundem Espiritismo e Umbanda.

Roger Bastide, sociólogo francês dos mais ilustres, chega ao extremo de utilizar a expressão "Espiritismo de Umbanda"!

É normal deparar-se em fachadas de determinadas instituições, letreiros como "Centro Espírita Umbandista".

Contudo, quem assim o faz incorre no mais completo dos equívocos, já que Umbandismo e Espiritismo são questões tão diferentes como o vinho e o vinagre são substâncias diversas.

Outro exemplo, a título de ilustração: o pão e o bolo são

ambos alimentos feitos com farinha de trigo. No entanto, pão é pão e bolo é bolo. Cada qual com suas características próprias e inconfundíveis, como cor, aspecto, sabor, consistência, ingredientes. De tal modo que a ninguém é dado estabelecer confusão entre uma e outra coisa. Se a alguém for propiciado um pedaço de pão ou de bolo, ainda que de olhos vedados, poderá identificar o produto em questão, sem titubear. De forma idêntica, saberá diferenciar o vinho do vinagre.

E pretender confundir Espiritismo com Umbandismo, seria o mesmo que se afirmar ser vinho e vinagre, ou ainda, pão e bolo, coisas absolutamente iguais entre si!

A Umbanda e o Espiritismo têm em comum apenas o fenômeno, a manifestação mediúnica, questão esta, aliás, de caráter universal. E esta particularidade, o fenômeno, não vem a ser o aspecto mais importante do Espiritismo, é bom que se diga.

Geralmente, o pesquisador concentra-se somente na observação do ambiente umbandista, preocupando-se, apenas, com as "modificações de comportamento", o "transe mediúnico" e as denominadas "explosões anímicas". E deixa de investigar a Doutrina Espírita, filosofia que requer um prolongado e meticuloso estudo, dadas sua amplitude e complexidade.

E da análise simplista que se localiza no aspecto fenomenológico, chega-se à imagem deturpada.

Entretanto, assim como não há "Espiritismo de Umbanda", também não existe "Baixo Espiritismo", "Espiritismo de Mesa Branca", "Espiritismo Kardequista", porque o Espiritismo não comporta rotulações nem possui variantes de qualquer tipo ou natureza.

Doutrina codificada por Allan Kardec, o Espiritismo nada tem a ver com outras correntes filosóficas espiritualistas que admitam também a reencarnação ou pratiquem o mediunismo. Respeitando o direito alheio de pensar e de agir de modo diferente, o Espiritismo tem suas características bem delineadas, os seus objetivos de esclarecer e de consolar as criaturas bem definidos, o seu método de estudo e de pesquisa bem claro. Possui sua própria nomenclatura, não tem culto material, não tem rituais, nem sinais cabalísticos ou símbolos, não admite o uso de imagens, não possui sacerdotes nem ministros. Dispõe de uma literatura específica, vasta, profunda, fundamentada, inconfundível.

Se, porventura, alguém introduzir semelhantes práticas em uma sociedade espírita, estará fazendo-o livremente, por sua conta e risco. E estará procedendo de forma incoerente com relação à Doutrina. Além do que não poderá, jamais, rotular uma tal atividade de Espiritismo, por melhor que seja a intenção dos que assim se conduzirem.

O Espiritismo é Ciência, é Filosofia, é Moral. Conforme Allan Kardec, o Espiritismo é uma doutrina filosófica de efeitos religiosos. Seu objetivo primordial é o aprimoramento interior, é a reforma íntima do Homem. Sua base é a reencarnação.

O Espiritismo surgiu em 1857, na França, com a publicação do "Livro dos Espíritos", obra inicial da codificação de Allan Kardec.

E quando o movimento espírita se iniciou no Brasil, isto por ocasião do Segundo Reinado, aqui já existia uma religião oficial que, então, era vinculada ao Estado: a Religião Católica. E também já encontrou aqui o sincretismo religioso católico-indígena-africano, com remanescentes longínquos que remontam desde o nosso chamado "despontar da nacionalidade". Logo, quando o mediunismo começou a ser conhecido no Brasil, O Espiritismo nem sequer existia!

Não vai aqui nenhuma intenção depreciativa para com a Umbanda e seus incontáveis seguidores. O propósito é apenas o de se estabelecer um divisor de águas, colocar as coisas em seus devidos lugares, em suas posições apropriadas.

Espiritismo e Umbandismo são movimentos que

coexistem na realidade brasileira sem mútuas hostilidades, e sem ataques entre si. Simplesmente, apesar de sua invariável posição de respeito e tolerância para com todas as crenças, o Espiritismo não se acomoda ao sincretismo religioso.

Umbanda e Espiritismo não se conjugam, pois, nos mesmos processos porque dispõem de natureza, estrutura e organização diversas. E, assim como a Umbanda não absorve o Espiritismo por não possuírem relações de dependência, o Espiritismo também não se confunde com a Umbanda.

A Umbanda, em verdade, tem mais ligação com o Catolicismo pelos traços comuns que possuem: sacramentos (casamento, batizado, etc), velas, rituais, imagens, cultos. Práticas estas não existentes no Espiritismo.

O Espiritismo, por ser um movimento democrático, não elitista, por excelência, não hostiliza, mas antes respeita qualquer religião ou forma de culto. Igualmente, não busca seguidores pela imposição de suas virtudes nem pela insistência de sua pregação, não faz proselitismo. Não se atém a dogmas, preconceitos ou discriminações. Convive harmoniosamente, pois, com todas as correntes espiritualistas.

Logo, não existem motivos para se desprestigiar ou desmerecer a Umbanda. Apenas são práticas e concepções diversas, não havendo, enfim, motivos para que sejam Espiritismo e Umbandismo confundidos ou englobados num mesmo e só conjunto de princípios.

XXI
NAS ZONAS INFERIORES

"Convém se mate o erro, mas se salvem os que estão errados".

Santo Agostinho

André Luiz, cuja missão é descerrar a cortina do mundo espiritual, é rasgar véus e desvendar alguns dos aspectos da existência numa outra dimensão, discorre com a habitual segurança e com o penhor da própria experiência também sobre zonas inferiores da erraticidade. Descreve e analisa os recôncavos do vale de sombras e sofrimentos que é o Umbral, esfera inferior localizada nas imediações da crosta terrestre. Esta projeção ele a faz, principalmente, em "Nosso Lar" e em "Obreiros da Vida Eterna".

"O Umbral é a zona obscura de quantos no mundo não se resolveram a atravessar as portas dos deveres sagrados, a fim de cumpri-los, demorando-se no vale da indecisão ou no pântano dos erros numerosos."

Ao reencarnar, o Espírito promete cumprir um programa de serviços que possa levá-lo mais depressa na escalada evolutiva. Entretanto, de novo enclausurado nos domínios da matéria densa, deixa-se dominar pelo egoísmo e pelas paixões outras próprias do plano físico, distancia-se do projeto estabelecido e torna muito difícil e lenta sua progressão. Assim é que o teor de seus sentimentos permanece estacionário, mantidos que são o ódio pelos adversários e a paixão pelos que lhe são caros. "Mas nem o ódio é justiça, nem a paixão é amor. Tudo o que excede, sem aproveitamento, prejudica a economia da vida. Pois bem: todas as multidões de desequilibrados permanecem nas regiões nevoentas, que se seguem aos fluidos carnais."

O dever çumprido é passaporte visado que possibilita a travessia rumo à redenção do continente sagrado. Logo, esta dádiva vai sendo dificultada à medida em que o homem se recusa a cumprir os trâmites regulamentares para a conquista do salvo-conduto liberativo para a salutar viagem. E, portanto, é detido nas barreiras do Umbral.

"Imagine-se que cada um de nós, renascendo no planeta, somos portadores de uma vestimenta suja para lavar no tanque da vida humana. Essa roupa imunda é o corpo causal, tecido por nossas mãos, nas existências anteriores. Compartilhando, de novo, as bênçãos da oportunidade terrestre, esquecemos, porém, o objetivo essencial, e, ao invés de nos purificarmos pelo esforço da lavagem, manchamo-nos ainda mais, contraindo novos laços e encarcerando-nos a nós mesmos em verdadeira escravidão. Ora, se ao voltarmos ao mundo procurávamos um meio de fugir à sujidade, pelo desacordo de nossa situação com o meio elevado, como regressar a esse mesmo ambiente luminoso, em piores condições? O Umbral funciona, portanto, como região destinada a esgotamento dos resíduos mentais; uma espécie de zona purgatorial, onde se queima a prestações o material deteriorado das ilusões que a criatura adquiriu por atacado, menosprezando o sublime ensejo de uma existência terrena. O Umbral é região de profundo interesse para quem esteja na Terra. Concentra-se, aí, tudo o que não tem finalidade para a vida superior."

Esta zona inferior, portanto, é assim como um plano para estágio probatório, um curso por demais rigoroso, um departamento estanque para onde é encaminhado o aluno reprovado no vestibular e necessitado de uma reciclagem dura e implacável. Até que esteja em condições de merecer bendita oportunidade do recomeço.

"No Umbral há legiões compactas de almas irresolutas e ignorantes, que não são suficientemente perversas para serem enviadas a colônias de reparação mais dolorosa, nem bastante nobres para serem conduzidas a planos de elevação. Representam as fileiras de habitantes do Umbral os companheiros imediatos dos homens encarnados, separados deles apenas por leis vibratórias. Semelhantes lugares se caracterizam por grandes perturbações. Lá vivem e agrupam-se os revoltados de toda espécie. Formam, igualmente, núcleos invisíveis de notável poder, pela concentração de tendências e desejos gerais. Muita gente da Terra não recorda que se desespera quando o carteiro não vem, quando a condução não aparece? Pois o Umbral está repleto de desesperados. Por não encontrarem o Senhor à disposição de seus caprichos, após a morte do corpo físico, e, sentindo que a coroa da vida eterna é a glória intransferível dos que trabalham com o Pai, essas criaturas se rebelam e se demoram em mesquinhas edificações. Uma colônia como "Nosso Lar" tem uma sociedade espiritual, mas estes núcleos infelizes só possuem malfeitores e vagabundos de várias categorias. É zona de verdugos e vítimas, de exploradores e explorados. Esta zona inferior é qual a casa onde não há pão: todos gritam e ninguém tem razão.""

Tais são as categorias dos pensionistas deste grotesco e doloroso plano. No entanto, apesar das sombras e das angústias das zonas inferiores, lá jamais deixa de existir a proteção do mais Alto. Para tanto é que existem as muitas colônias espirituais consagradas ao trabalho em favor desses infelizes e destinadas a seu socorro.

Cada Espírito aí permanece pelo tempo que se fizer necessário. Até que nos embates com sua própria consciência e desgastado pelos inumeráveis tormentos físicos e morais, acorde para a necessidade de se desprender deste charco, aceite a existência e a gravidade de seus erros, abrindo assim o caminho para o arrependimento. E se volte para o Criador solicitando o perdão para suas faltas e a bênção do auxílio, até que rogue o refrigério do socorro e do amparo.

Contudo, é necessário muita coragem e muita renúncia para se ajudar a quem nada compreende do caráter do auxílio então possível, e desprendimento para penetrar nesta região.

Assim, as mais difíceis e espinhosas missões do Ministério do Auxílio, em "Nosso Lar", são as constituídas pelos abnegados servidores no Umbral, porque "se a tarefa dos bombeiros nas grandes cidades terrenas é difícil, pelas labaredas e ondas de fumo com que se defrontam, os missionários no Umbral encontram fluidos pesadíssimos emitidos, sem cessar, por milhares de mentes desequilibradas, na prática do mal, ou terrivelmente flageladas nos sofrimentos retificadores."

E esta atmosfera é tão densa, poluída e sufocante porque a zona inferior, que se mistura quase com a esfera dos homens, está repleta de desencarnados e de formas-pensamento dos encarnados. Em verdade, todo Espírito, esteja onde estiver, é um núcleo irradiante de forças. Forças estas que criam, transformam ou destroem, exteriorizadas em vibrações. Quem pensa está irradiando energia e fazendo algo em algum lugar ou influenciando alguém. E é pelo pensamento que os homens encontram no Umbral os companheiros que se afinam com as tendências infelizes de cada um. " Toda Alma é ímã poderoso. No Umbral se estendem os fios invisíveis que ligam as mentes humanas entre si. Há uma extensa humanidade invisível, que se segue à humanidade visível".

André Luiz descreve seu desespero e sua angústia nesta viagem sem destino pelo vale das sombras: "Eu guardava a impressão de haver perdido a idéia de tempo. A noção de espaço esvaíra-se-me de há muito. Cabelos eriçados, coração aos saltos, medo terrível senhoreando-me, muita vez gritei como louco, implorei piedade e clamei contra o doloroso desânimo que me subjugava o espírito; mas, quando o silêncio implacável não me absorvia a voz estentórica, lamentos mais comovedores que os meus, respondiam aos meus clamores. Outras vezes gargalhadas sinistras rasgavam a quietude do ambiente."

As visões assustadoras e o panorama desolador, contribuiam para sua maior desesperação: "Formas diabólicas, rostos alvares, expressões animalescas surgiam, de quando em quando, agravando-me o assombro. A paisagem, quando não totalmente escura, parecia banhada de luz alvacenta, como que amortalhada em neblina espessa, que os raios de Sol aquecessem de muito longe ".

E tinha seqüência aquela caminhada sem direção e sem finalidade: "E a estranha viagem prosseguia... Com que fim? Quem o poderia dizer? Apenas sabia que fugia sempre... O medo me impelia de roldão. Onde o lar, a esposa, os filhos? Perdera toda a noção de rumo ".

E a consciência a fisgá-lo, impiedosamente: "Atormentava-me a consciência: preferiria a ausência total da razão, o não-ser ".

E não havia como repousar: "De início, as lágrimas lavavam-me incessantemente o rosto e apenas, em minutos raros, felicitava-me a bênção do sono. Interrompia-se, porém, bruscamente, a sensação de alívio. Seres monstruosos acordavam-me, irônicos: era imprescindível fugir deles ".

André não se julgava um réprobo nem um delinqüente: " Em verdade, não fora um criminoso, no meu próprio conceito. A filosofia do imediatismo, porém, absorvera-me ".

Mas as desagradáveis companhias assim não pensavam, e tanto o insultavam que ele era levado a um inócuo revide: "Suicida! Suicida! Criminoso! Infame!"— gritos assim cercavam-me de todos os lados. Onde os sicários de coração empedernido?! Por vezes, enxergava-os de relance, escorregadios na treva espessa e, quando meu desespero atingia o auge, atacava-os, mobilizando extremas energias. Em vão, porém, esmurrava o ar nos paroxismos de cólera. Gargalhadas sarcásticas feriam-me os ouvidos, enquanto os vultos negros desapareciam na sombra".

Todavia, não perdera André a condição de ser humano sujeito às necessidades físicas e fisiológicas: " Torturava-me a fome, a sede me escaldava. Comezinhos fenômenos da experiência material patenteavam-se-me aos olhos. Crescera-me a barba, a roupa começava a romper-se com os esforços da resistência, na região desconhecida".

Mas o assalto dos duendes era sua mais cruciante tortura: "A circunstância mais dolorosa, no entanto, não era o terrível abandono a que me sentia votado, mas o assédio incessante de forças perversas que assomavam nos caminhos ermos e obscuros. Irritavam-me, aniquilavam-me a possibilidade de concatenar idéias. Desejava ponderar maduramente a situação, esquadrinhar razões e estabelecer novas diretrizes ao pensamento, mas aquelas vozes, aqueles lamentos misturados de acusações nominais, desnorteavam-me irremediavelmente: "Que buscas, infeliz? Aonde vais, suicida?!"

E a improcedência das acusações machucavam-no, ainda mais: "Infeliz, sim; mas, suicida?! — nunca! Eu havia deixado o corpo físico a contra-gosto!"

E as necessidades do corpo não o abandonavam: "Persistiam as necessidades fisiológicas, sem modificação. Castigava-me a fome todas as fibras, e, nada obstante, o abatimento progressivo não me fazia cair definitivamente em absoluta exaustão. De quando em quando, deparavam-se-me verduras que me pareciam agrestes, em torno de humildes filetes d'água a que me atirava sequioso. Devorava as folhas desconhecidas, colava os lábios à nascente turva, enquanto mo permitiam as forças irresistíveis, a impelirem-me sempre para a frente. Muita vez suguei a lama da estrada, recordei o antigo pão de cada dia, vertendo copioso pranto. Não raro, era imprescindível ocultar-me das manadas de seres animalescos, que passavam em bando, quais feras insaciáveis. Eram quadros de estarrecer! Acentuava-se o desalento!"

E tudo assim prosseguia, até que André Luiz volveu seus olhos para o Alto: "Foi quando comecei a recordar que deveria existir um Autor da Vida, fosse onde fosse. Essa idéia confortou-me. Eu, que detestava as religiões no mundo, experimentava agora a necessidade de conforto místico. Médico extremamente arraigado ao negativismo da minha geração, impunha-se-me atitude renovadora. Tornava-me imprescindível confessar a falência do amor-próprio, a que me consagrara orgulhoso".

E, em angustiosa rogativa que durou longo tempo, de mãos postas qual uma criança aflita, André colocou todos os sentimentos na dolorosa prece. E sentiu ele, então, toda a eficácia do apelo: "Ah! É preciso haver sofrido muito, para entender todas as misteriosas belezas da oração; é necessário haver conhecido o remorso, a humilhação, a extrema desventura, para tomar com eficiência o sublime elixir da esperança".

E foi aí que a espessa neblina se dissipou e André recebeu o ansiado socorro na pessoa do simpático velhinho Clarêncio que, juntamente com mais dois companheiros, viera buscá-lo em atendimento não só ao seu sincero arrependimento, mas atendendo a uma rogativa de sua mãe.

E envolto em alvo lençol, guiado por Clarêncio e conduzido pelos dois auxiliares, André Luiz deixou a macabra zona inferior, após oito anos de desesperada e angustiante permanência.

E agora partia com destino determinado: a colônia espiritual "Nosso Lar".

XXII
CHICO XAVIER, O APÓSTOLO DA HUMILDADE

"Chico sempre me deu a impressão de uma vela que ardia, alumiando a todos e se consumindo a si mesma, em sublime oferenda de amor e sacrifício".

Clóvis Tavares

Francisco Cândido Xavier nasceu na cidade de Pedro Leopoldo, Minas Gerais, em 1910.

Chico teve sua mediunidade aflorada muito cedo e já em seus quatro anos de idade ia para o fundo do quintal de sua casa onde conversava com o Espírito de sua mãe, Maria João de Deus.

O médium de Uberaba é a personificação da simplicidade e da humildade. Sempre evitou toda e qualquer projeção pessoal. Nunca atribuiu a si mesmo virtudes de missionário, nem jamais se julgou detentor de poderes especiais ou virtudes sobre-humanas. Tem permanecido sempre, em toda e qualquer circunstância de sua vida, humilde e simples.

Chico Xavier sempre evita falar de si próprio, e mesmo quando o faz é de tal modo que ainda mais evidencia sua natural humildade. Eis a idéia que faz de si mesmo: "Estou na situação da laranjeira de condição extremamente inferior — mas muito inferior — quando recebe a enxertia. Os frutos generosos são filhos da planta nobre que concedeu à laranjeira pobre e triste a honra de lhe ser, por algum tempo, o magnânimo inquilino. Retirada a dadivosa ocupante, o vegetal que fica é resíduo inútil..."

Atualmente, a obra mediúnica de Chico Xavier já atingiu a fantástica soma de mais de 200 livros psicografados, reunindo trabalhos de mais de 500 autores espirituais.

Em 1971, participou do programa "Pinga Fogo" da extinta TV Tupi Canal 4, respondendo a perguntas de vários entrevistadores e também de telespectadores que perguntavam pelo telefone, e de pessoas do auditório que lhe apresentavam questões por escrito. Esta apresentação de Chico tornou-se um acontecimento histórico, de repercussão nacional, como aliás sempre acontece quando o médium se apresenta em público, o que, infelizmente, raramente acontece. Em dezembro de 1985, Chico também se apresentou no programa "Hebe Camargo", tendo, igualmente, alcançado grande sucesso. Se Chico Xavier fizesse aparições mais freqüentes na TV, a divulgação do Espiritismo ganharia portentoso impulso.

Neste memorável "Pinga Fogo", Chico foi submetido a uma sabatina rigorosa. Dentre os entrevistadores, raros eram os espíritas. E um entrevistador católico, João de Scantimburgo, externou a grande dúvida de todos os que não aceitam a obra de Chico como sendo ditada por entidades do mundo espiritual. Ressaltou o interlocutor que os livros ditos psicografados nada mais são que manifestações do inconsciente do médium, revivescências de sua memória. Ou seja, ponderou o entrevistador, uma pessoa que tendo lido em sua vida muitos e muitos livros, poderia, conforme esta teoria, armazenar em sua memória muitos dados destas obras e depois reescrevê-las no mesmo estilo de seus verdadeiros autores. Além do que, Chico, embora alegando ser portador de incipiente cultura por ter cursado apenas o Primário, é uma pessoa que fala bem, que estrutura corretamente suas frases e que organiza perfeitamente seus pensamentos, o que não seria possível para alguém que se diz possuidor de tão reduzidos conhecimentos lingüísticos.

Chico começou respondendo ao entrevistador que em toda sua vida não havia lido tantos livros assim, não só por sua reduzida formação escolar, como também por ter contraído uma doença nos olhos em 1931 o que sempre o impediu de ler muito. A leitura sempre foi para ele um grande sacrifício, pois enxerga apenas com um dos olhos e assim mesmo muito mal. Assim não lhe seria possível ter lido obras de mais de 500 autores para guardá-las na memória e depois reproduzi-las pelo processo da escrita automática. Chico esclareceu, então, já estar acostumado a ouvir muitas críticas de pessoas que não aceitam sua mediunidade, mas que para ele isto é uma certeza inabalável, uma convicção íntima de que estes livros não são dele próprio, mas sim das entidades que o escolheram como intermediário; se afirmasse ser ele o verdadeiro autor, aí, sim, estaria cometendo uma fraude muito grande.

Quanto à sua forma correta de expressão, Chico explicou que Emmanuel é não apenas seu mentor espiritual, mas que foi também seu professor e que demorou muito para que aprendesse a falar bem e a organizar corretamente suas frases. Emmanuel teve muito trabalho com este seu aluno e não foi fácil ao professor corrigir todas as impropriedades da linguagem de tão atrasado discípulo.

E para ilustrar o fato de não ser ele o autor dos livros que psicografa, Chico contou como se sentia quando estava recebendo seu primeiro romance. "Há Dois Mil Anos", ditado por Emmanuel. O médium disse que acompanhava o desenrolar da história com tanto interesse como se estivesse acompanhando uma novela de televisão: torcia por determinados personagens e ia lendo tudo o que sua mão escrevia. De modo que Chico vivia muito mais o enredo do romance ao recebê-lo do que ao reler o que sua mão havia escrito. O médium não queria que seus personagens prediletos sofressem na história, mas isto ia acontecendo sem que ele nada pudesse fazer para alterar o rumo dos acontecimentos. E à medida em que ia transcrevendo o relato de Emmanuel, Chico via também as imagens como se fora um filme projetado em uma tela porque via o que Emmanuel estava pensando, mas não sabia o que viria em seguida. Logo, Chico ficava vendo o desenrolar do romance sem saber como tudo iria terminar. Tinha uma visão cinematográfica do enredo, mas não tinha consciência do que escrevia.

Em toda sua vida, Chico teve apenas três empregos: dos 8 aos 12 anos de idade trabalhou em uma fábrica de tecidos, período em que também freqüentou a escola primária, seu único curso regular; dos 12 aos 20 anos trabalhou no comércio, primeiro num bar e depois num armazém; e dos 21 em diante foi funcionário do Ministério da Agricultura, onde se aposentou após 30 anos de serviço.

Sempre que alguns confrades mais afoitos, tomados de sincera admiração por Chico, manifestam a intenção de se instalarem junto ao médium para melhor lhe prestarem sua colaboração, salienta ele sua singela condição de "mourão de cerca" solidário com todos os outros esteios, unidos pelos arames da fraternidade cristã, em defesa da Fazenda de Deus. E assim desestimula os companheiros de Doutrina, seus dedicados amigos, que desejariam deixar suas instituições espíritas, suas tarefas em suas próprias localidades, para se fixarem em Uberaba. Chico ressalta a necessidade da comunhão fraternal entre todos os obreiros, porém cada qual necessitando operar em seu círculo de atuação e estando mesmo assim todos unidos, embora as distâncias os separassem.

Chico sempre considerou sua mediunidade como "depósito sagrado" de que deverá prestar contas. As faculdades que inegavelmente possui, ele as tem na conta dos "talentos" da parábola evangélica, que deve multiplicar, no serviço do bem e em favor do próximo, como servidor consciente e vigilante.

"Esclarecido amor à Doutrina Espírita, vivo devotamento à sua idéia libertadora, senso de disciplina no serviço espiritual — eis as constantes da vida de Chico Xavier".

Em 1931, Chico viu pela vez primeira o Espírito Emmanuel que por seu intermédio tanto tem colaborado na difusão da filosofia espírita. Após um período de treinamento por que teve de passar para estar em condições de intermediar convenientemente as mensagens deste Grande Benfeitor, Chico tem brindado o mundo com as seguidas e excelentes obras de Emmanuel, de André Luiz e de tantos outros (mais de 500!) autores de escol. A primeira obra psicografada por Chico Xavier foi "Parnaso de Além Túmulo", em 1933, livro de poemas ditados por vários grandes nomes de nossa poesia.

Francisco Cândido Xavier, o grande nome do Espiritismo no Brasil, e talvez o maior médium do mundo, por suas virtudes de servidor fiel do Evangelho no lar e fora do lar, por sua magnífica obra espiritual no campo do livro, por seu trabalho assistencial junto aos sofredores, por seu inesgotável amor a repartir-se em pão da vida entre milhões de filhos do Calvário, por tudo o que é, faz e representa, enfim, é credor de todo o reconhecimento e gratidão de quantos se dessedentam na fonte sublime da Terceira Revelação.

Chico que em 1986 completou seus 76 anos de idade e 59 anos de serviço mediúnico, é verdadeiramente um Apóstolo da Humildade, o grande arauto do Cristianismo redivivo, um digno servidor da Seara do Mestre.

XXIII

O CASO EMÍLIA NEVES : UMA PROVA DOCUMENTADA DA SOBREVIVÊNCIA DA ALMA

Clóvis Tavares em seu livro "40 Anos com Chico Xavier", relata um caso impressionante de que participou diretamente e onde fica comprovada a sobrevivência da Alma.

Conforme a narrativa do autor, em outubro de 1966, participando de uma reunião mediúnica em Uberaba, estando presentes Entidades Espirituais Amigas, Chico comunicou a Clóvis que uma delas, o Espírito de uma jovem senhora ali estava, declarando chamar-se Emília Neves. Esclareceu a Entidade que desencarnara tuberculosa e na mais extrema miséria em Itaperuna, Estado do Rio, no dia 20 de agosto de 1938, havendo-se integrado, algum tempo depois, na Família Espiritual da Escola Jesus Cristo, da cidade de Campos, RJ. Chico anotou numa folha de papel, após o encerramento das preces, seu nome e a data da desencarnação, entregando estes dados a Clóvis Tavares para verificação.

Isto ocorreu na parte da manhã, sendo que à noite,

terminado o serviço psicográfico da reunião de estudos doutrinários, feita a prece de encerramento, Chico chamou Clóvis apresentando-lhe, como o fizera antes, outro papel com breve anotação. Entregando a folha escrita a Clóvis Tavares, Chico assim se expressou: "Clóvis, nossa irmã Emília Neves, de Itaperuna, que esteve conosco hoje de manhã, novamente se encontra aqui e me disse, há momentos, que eu me enganara ao escrever, na folha que lhe entreguei, a data de sua desencarnação. Foi a 20 de março de 1938 e não a 20 de agosto, como escrevi, a data de sua libertação espiritual". Neste papel, Chico apenas anotara: "Clóvis, 20-3-38".

No dia seguinte, 16 de outubro de 1966, Clóvis Tavares inicia sua viagem de regresso à cidade de sua residência, Campos, RJ. Lá chegando, relatou o caso a alguns companheiros da Escola Jesus Cristo, sendo que dois deles se prontificaram a escrever a amigos de Itaperuna a fim de obter informações sobre a desencarnação de Emília Neves, o que foi feito a seguir. Não tendo havido resposta à carta, Clóvis Tavares, acompanhado por Rubens Carneiro, resolveu dirigir-se pessoalmente à vizinha cidade do Norte Fluminense. E assim fizeram, isto na manhã de 29 de dezembro de 1966.

Dirigiram-se, primeiramente, ao Cemitério da cidade de Itaperuna, onde nada foi encontrado, porquanto todos os registros obituários do ano de 1938 haviam se extraviado. O administrador do cemitério, no entanto, esclareceu que as informações desejadas poderiam ser obtidas no Cartório local com o oficial do Registro Civil do Primeiro Distrito de Itaperuna, Sr. Benedito Sozinho de Souza.

Na repartição, recebidos pelo referido oficial, declararam desejar saber se entre os registros de óbito do ano de 1938, constava o nome de Emília Neves. Feita a busca no livro respectivo, afirmou o tabelião que, de fato, no livro de número 13, referente a 1938, constava o óbito registrado sob nº 5288 referente ao falecimento de Emília da Costa Neves ocorrido aos 20 de março, às 19 horas, naquele distrito.

Estavam confirmadas as informações dadas na reunião mediúnica pelo próprio Espírito Emília Neves. Comprovava-se, assim, uma vez mais a sobrevivência da Alma! Os chamados "mortos" reiterando aos denominados "vivos" que a morte não existe, que a vida continua além do túmulo!

Foi solicitado, então, um Atestado de Óbito, sendo que no livro referido consta um "fac-simile" desta Certidão, com os seguintes dados: "Benedito Sozinho de Souza, Oficial do Registro Civil de Itaperuna, RJ, certifica que às fls. 236 do livro nº 13, de registro de óbitos consta o assento de Emília da Costa Neves, falecida aos 20 de março de 1938, às 19 horas, neste distrito, óbito de nº 5288". Constam, ainda, as seguintes especificações: sexo feminino, cor branca, profissão doméstica, com 29 anos de idade, casada com o Sr. Manuel Josino de Lima, não legando bens em testamento e deixando três filhos menores: Glicério, Jurandir e Helena. Esta certidão é datada de 29 de dezembro de 1966.

Por intermédio de um missionário protestante da localidade, Sr. Correia, foram obtidas outras informações a respeito de Emília e de seus familiares. Este religioso que conhecera pessoalmente Emília informou que a mesma falecera em extrema penúria, vítima de tuberculose, confirmando todas as notícias dadas a Chico Xavier dois meses antes. Este caso é, também, mais um extraordinário testemunho da mediunidade ímpar de Francisco Cândido Xavier.

XXIV
UMA CONSEQÜÊNCIA TRÁGICA DA FOFOCA!

> "Não julgueis para não serdes julgados; porque sereis julgados, conforme tiverdes julgado os outros; e usarão convosco da mesma medida com que medirdes os outros".
>
> *Jesus*

Poucas atividades da vida social ou doméstica, podem ser tão nefastas, tão prejudiciais, quanto o falatório, a fofoca, a maledicência, enfim.

A língua humana, o que sai da boca do homem, causa maiores danos que qualquer arma porque é responsável por grandes tragédias, sem possibilitar a defesa da vítima.

E, infelizmente, é esta uma prática muitíssimo difundida, um costume lamentável por demais arraigado no espírito dos indivíduos.

E é o chamado mexerico uma ocupação de pessoas de todas as camadas sociais. Não só a madame da alta sociedade dedica-se à fofoca, como também as pessoas da mais humilde condição social.

São as vizinhas por sobre os muros dos quintais, os colegas no ambiente de trabalho, são as respeitáveis matronas ao telefone ou pessoalmente, a espalhar a lama da maledicência, a enxovalhar a honra alheia.

E de tal modo a corrente da fofoca se desenvolve que, em pouco tempo, aumentado e destorcido, o falatório já correu destruidoramente.

Os fofoqueiros, os adeptos do "disse-me-disse", tão bem se conhecem entre si que de uma rodinha de mexeriqueiros ninguém quer ser o primeiro a sair. Pois sabe-se perfeitamente que dar as costas a um grupo de venenosos, é ser alvo certeiro das farpas e das alfinetadas da aplicada e execrável equipe de maledicentes!

Contudo, mal sabe o fofoqueiro, o maledicente, que está ele a serviço de entidades enfermiças, de agentes desequilibrados e infelizes, que atuam no silêncio e operam nas sombras a fim de espalharem a discórdia e comprometerem a evolução espiritual do ser humano em sua passagem pela Terra.

A maledicência, arma dos monstros inferiores, causa maiores danos à Humanidade que os grandes vícios como o álcool, a droga, o fumo, ou mesmo as mais terríveis moléstias. E isto porque vícios e doenças podem ser tratados ou combatidos frontalmente pela

Ciência. Mas contra os danos acarretados pela maledicência pouco se há a fazer.

Deus criou a palavra, o homem engendrou o falatório. A palavra digna infunde consolação e vida; a murmuração leva ao sofrimento e ao desespero.

Incontáveis são as funestas conseqüências da maledicência: lares desfeitos, crimes, suicídios, desequilíbrios psíquicos.

E para ilustrar este sinistro quadro da maledicência existe uma história que se intitula "A Tomada Elétrica".

É uma pungente narrativa que aparece no livro "O Espírito da Verdade", de autores diversos, assinada simplesmente por "Júlio":

"De volta à reencarnação, em breve tempo sou trazido ao vosso recinto de oração e fraternidade por benfeitores e amigos para que algo vos fale de minha história — amargo escarmento aos levianos de ouvido, e aos imprudentes da língua.

Há alguns anos, em minha derradeira romagem na Terra, era eu humilde operário de hábitos simples.

Com pouco mais de trinta anos, desposei Marina, muito mais jovem que eu. E, exaltando a nossa felicidade, construímos nosso paraíso doméstico numa casa pequena em movimentado bairro do Rio.

Nossa vida modesta era um cântico de ventura, entretecido de preces e de esperanças.

Todavia, porque fosse de ordinário desconfiado e inquieto, amava minha esposa com doentia paixão.

Marina era muito moça, quase menina...

Estimava as cores festivas, o cinema, a vida social, a gargalhada franca e, por guardar temperamento infantil, a curto prazo teve o nome enliçado à maledicência que fustiga a felicidade, como a sombra persegue a luz.

Em torno de nós fez-se o "disse-me-disse".

Se tomávamos um bonde, éramos objeto de olhares assustadiços, enquanto se cochichava, lembrando-nos o nome...

Se passávamos numa praça, éramos, quase sempre, seguidos de assovios discretos...

Começaram para mim os recados escusos, os telefonemas inesperados, as cartas anônimas e os conselhos de família, reunindo várias acusações.

Muita vez, minha mãe, zelosa de nosso nome, chamava-me a brios, indicando-me as providências.

Amigos segredavam-me anedotas irreverentes com sentido direto.

Lutas enormes do sentimento ditavam-me desesperados conflitos.

Acabou-se em casa a alegria espontânea.

Debalde, a companheira se inocentava, alertando-me o coração.

Entretanto, densas trevas possuíam-me o raciocínio, induzindo-me a criar assombrosos quadros em torno de faltas inexistentes.

Como se eu fora puro, exigia pureza em minha mulher. Qual se fosse santo, reclamava-lhe santidade.

Deplorável cegueira humana!

Foi assim que, numa tarde inesquecível para o remorso que me vergasta, tilintou o telefone, chamando-me para um aviso.

Três horas da tarde...

Anunciava-me alguém ao cérebro atormentado, que um estranho se achava em meu aposento íntimo.

Desvairado, tomei de um revólver e busquei minha casa.

Sem barulho, penetrei nossa câmara e, de olhos embaciados no desespero, vi Marina curvada, ao lado de um homem que se curvava igualmente, a dois passos de nosso leito.

Não tive dúvidas e alvejei-os agoniado... Vi-lhes o sangue a misturar-se, enquanto me deitavam olhares de imensa angústia, e, porque não pudesse eu mesmo resistir a tamanha desdita, estilhacei meu crânio com bala certeira, caindo logo após, para acordar no túmulo, agarrado ao meu corpo mazelento que servia de engorda a vermes famintos.

Por muito tempo, amarguei meu cálice de aflição e pavor, até que mãos amigas me afastaram do cárcere de lodo.

Vim, então, a saber que Marina, sem culpa, fora sacrificada em minhas mãos de louco.

Esposa abnegada e inocente que era, simplesmente pedira a um companheiro da vizinhança que consertasse, em nosso quarto humilde, a tomada elétrica desajustada, a fim de passar a roupa que me era necessária para o dia seguinte!

Transido de vergonha e enojado de mim, antes de suplicar perdão às minhas pobres vítimas, implorei, humilhado, a prova que me espera...

E é assim que, falando às almas descuidadas que cultivam na Terra o vício da calúnia, venho dizer a todos, na condição de um réu, que para me curar da própria insensatez, roguei ao Pai Celeste e me foi concedida a bênção de meio século de doença e martírio, luta e flagelação, na dor de um corpo cego".

XXV
PLURALIDADE DOS MUNDOS HABITADOS

"A Terra não é o único teatro da vida".

Emmanuel

Em toda e qualquer época, até nos mais remotos lugares da Terra, sempre se cogitou da possibilidade da existência de outros mundos habitados.

Inúmeras pessoas relatam já ter contactado seres extra-terrestres e suas respectivas naves espaciais.

A chamada ficção científica, gênero literário que explora o assunto, sempre despertou o mais vivo interesse.

Livros, revistas, jornais, estão permanentemente focalizando o apaixonante tema da vida fora das fronteiras terrenas.

Cientistas renomados têm sustentado a tese da existência de seres inteligentes, muito mais evoluídos que o homem, habitando outros mundos.

Pesquisadores conceituados de todos os recantos do

globo, afirmam isto como fato incontestável, baseados em provas que dizem possuir.

Declara-se a presença de "discos voadores" nas mais diferentes regiões de nosso planeta. Inclusive, afirma-se, com o devido registro por Radar e outros aparelhos técnico-eletrônicos de rastreamento do espaço, os mais sofisticados.

A sigla OVNI, Objetos Voadores Não Identificados, é utilizada pelos denominados ufologistas, estudiosos e adeptos da teoria da pluralidade dos mundos habitados e da existência de veículos extra-terrestres.

Fala-se que até mesmo a NASA, órgão responsável pelas pesquisas espaciais dos Estados Unidos, admite a questão. E, conforme consta, possui testemunhos idôneos de muitas pessoas, as mais confiáveis, que teriam sido contactadas por seres de outras galáxias, bem como possuiria a referida entidade elementos materiais capazes de comprovar a questão.

Segundo notícias veiculadas pela Imprensa, a NASA, que já enviou uma nave tripulada à Lua e que está sempre em evidência por seus feitos espaciais, teria um departamento especialmente criado para estudar o assunto. E, comenta-se, que o tema é mantido no mais rigoroso segredo para não alarmar as pessoas, para não causar pânico generalizado ou neuroses coletivas.

Realidade ou imaginação?!

Existem, ou não, outros mundos habitados por seres inteligentes, mais avançados tecnologicamente que o homem, e capazes de enviar veículos até a Terra, distante milhões de anos-luz de seus planetas?!

De todo modo, é difícil, até para o mais incrédulo dos terráqueos, deixar de considerar esta possibilidade.

Por que, afinal, a Terra, um pontinho inexpressivo na vastidão do Universo, seria o único e privilegiado lugar a conter a vida em seu seio?!

Não existem condições para a existência de vida em outros planetas até agora pesquisados porque não foi constatada a presença de água ou de oxigênio nos mesmos, declaram peremptoriamente cientistas. Contudo, quem pode afirmar, sem possibilidade de erro, que não possam existir organismos outros que não dependam destes elementos para sua vida?

Não temos aqui mesmo na Terra seres orgânicos vivendo nas mais diferentes condições ambientais? Seja na água, doce ou salgada, no ar, terra a dentro?!

Gibran Khalil Gibran tem uma fábula que pode explicar perfeita e sabiamente este ponto-de-vista: "Um peixe disse a outro peixe: "Fora deste nosso mar, existe outro mar, com criaturas nadando nele — e vivem lá como vivemos aqui". O outro replicou: "Pura fantasia! Não sabes que tudo o que se afasta de nosso mar, por uma polegada sequer, e lá fica, morre logo? Que prova tens de que existem outras vidas em outros mares?!"

Inegavelmente, a questão da vida em outros planetas é uma polêmica das mais inquietantes e envolventes.

Disse Jesus: "Há muitas moradas na casa de meu Pai".

Conforme a Doutrina Espírita, a casa do Pai é o Universo; as diferentes moradas são os mundos que circulam no espaço cósmico e onde os Espíritos encarnados encontram locais adequados de existência, conforme o grau de seu adiantamento. A Terra, pois, é apenas uma destas moradas.

Entretanto, estas palavras do Cristo podem, ainda, ser interpretadas como sendo o estado do Espírito na erraticidade.

Espírito errante é a Alma livre do envoltório carnal, no intervalo compreendido entre as reencarnações. De acordo com seu estágio de purificação, é o meio ambiente em que se encontra, o aspecto das coisas, são as sensações que experimentam, sua maior ou menor densidade material.

E enquanto uns Espíritos permanecem junto do plano de onde vieram, daí não podendo se afastar justamente em decorrência do peso específico de seu envoltório, outros elevam-se e podem percorrer o espaço e outros mundos.

Espíritos culpados vagueiam pelas trevas da crosta planetária ou entre os seres encarnados; Espíritos felizes e elevados dispõem do sublime espetáculo do Infinito.

Lá nestes planos ou dimensões, há, também, diferentes moradas.

Conforme nos ensinam os Espíritos, há mundos inferiores e mundos superiores.

Tomando-se a Terra como parâmetro, pode-se fazer a idéia de um mundo inferior como sendo um lugar em que seus habitantes ainda estejam no estágio de raças selvagens ou de nações bárbaras. São seres rudimentares com a forma humana, mas sem nenhuma beleza física. Seus instintos não são mesclados de nenhum sentimento de delicadeza ou benevolência, nem contam com noções do certo ou do errado. Sua única lei é a da força bruta.

Nos mundos que atingiram um plano evolutivo superior, as condições de vida material e espiritual estão bem acima da situação existente na Terra. O corpo não tem a densidade do físico terrestre e, conseqüentemente, está menos sujeito às necessidades, enfermidades, paixões ou deteriorizações próprias da matéria perecível. Os sentidos são mais delicados e têm maior percepção que os grosseiros órgãos do homem terrestre. O envoltório corporal é etéreo e a leveza do corpo torna a locomoção mais rápida e fácil. Em lugar de se arrastar penosamente pelo solo como os seres terrenos, deslizam na superfície ou mesmo volitam, sem outro esforço senão o da própria vontade. Conservam, conforme o seu desejo, os traços fisionômicos de suas passadas migrações e apareceram aos seus amigos como estes os conheceram, mas revestidos por uma luz divinal. Seus sentimentos e emoções são sempre elevados. Têm rostos não mais arruinados pelos sofrimentos e pelas paixões, mas sim feições onde brilham inteligência, virtude e vida. Nesses mundos venturosos, as relações entre as pessoas são sempre amigáveis e leais. Sem ambição, sem vícios, sem disputas, sem guerras. Somente a autoridade moral e a inteligência estabelecem a diferença das condições individuais. A autoridade é respeitada perenemente porque sempre exercida com justiça e jamais é dado exercê-la senão pelo reconhecido mérito próprio.

Os mundos também estão sujeitos à Lei do Progresso. Todos eles começaram em um estágio inferior e foram, gradativamente, evoluindo.

A Terra ainda pertence à categoria dos mundos de expiação e de provas; esse o motivo por que o homem está exposto a tantas misérias e a tantos sofrimentos. Mas já esteve em plano inferior e evoluiu, e este progresso será sempre crescente e, quando os homens se houverem tornado bons e mais perfeitos, a Terra também se transformará num mundo regenerado.

Os Espíritos podem encarnar em um mesmo mundo ou em outras esferas, de acordo com seu grau de elevação. Mas nunca em um plano inferior ao já alcançado, excetuando-se aqueles Espíritos que reencarnam para cumprir uma missão a eles confiada. É a Lei de Evolução ou Progresso que assim o determina na existência dos mundos e dos seres.

De acordo, ainda, com os Espíritos, dentre todos os mundos que compõem nosso sistema planetário, a Terra é dos que possuem habitantes menos adiantados física e moralmente. Marte estaria em um estágio pouco acima que o de nosso globo, sendo que Júpiter nos é muito superior em todos os aspectos. O Sol não seria mundo habitado por seres corpóreos, mas simplesmente um lugar de reunião de Espíritos Superiores, os quais de lá irradiam seus pensamentos para outros mundos, transmitindo, assim, fluido universal. Vênus é um planeta mais adiantado que a Terra, sendo que Saturno é mais evoluído que Vênus, embora se coloque abaixo de Júpiter na escala do progresso material e espiritual.

E assim, podemos concluir com Emmanuel: "A

Terra não é o único teatro da vida. Não disse Jesus que existem muitas moradas na casa de nosso Pai? O trabalho é a escada luminosa para outras esferas onde nos reencontraremos como pássaros que, depois de se perderem uns aos outros sob as rajadas do Inverno, se reagrupam de novo ao Sol abençoado da Primavera..."

XXVI
A GRANDE PASSAGEM

Não existe qualquer pessoa que em algum momento, de uma ou de outra forma, não tenha se demorado, por mais ou por menos tempo, a meditar no intrigante fenômeno da morte física.

Principalmente quando a existência corpórea começa a declinar, quando os verdes anos da juventude vão ficando cada vez mais distanciados, o homem, queira ou não, medita sempre mais sobre esta magna questão.

Como será o grande momento, de que maneira se processará a grande passagem para o plano espiritual?!

O desconhecido, o mistério, o "baixar do pano" provoca, como não poderia deixar de ser, emoções as mais contraditórias. Amedronta e fascina a um só tempo, desperta curiosidade e provoca pavor simultaneamente.

É a grande dúvida a intrigar mentes e corações...

Apenas de uma coisa todos estão convencidos: a ninguém será concedido burlar a morte, evitar o supremo confronto.

Importantes e até mesmo surpreendentes revelações nos são feitas por aqueles que já passaram por esta experiência, quer por espíritos que descrevem com precisão as fases do processo de desencarnação, como também por declarações de pessoas que estiveram com um pé além da faixa divisória, que foram dadas aparentemente como mortas e que retornaram à vida material.

Como nos conta irmão Jacob no livro mediúnico "Voltei", "enquanto no corpo físico, não formulamos a idéia exata do que seja a realidade além da morte. Ainda quando o Espiritismo nos ajuda a pensar seriamente no assunto, debalde tentaremos calcular como será o futuro, depois do sepulcro".

Os espíritas são privilegiados com relação às demais criaturas, crentes ou não em uma existência além da morte física, por contarem com as explicações, com a orientação de mentores espirituais que asseguram que o desenlace nada mais é que um fenômeno físico, bem como descrevem em detalhes a continuidade e a organização da vida na outra dimensão.

A Alma após a morte do corpo retorna ao Mundo dos Espíritos que é o mundo normal, primitivo, eterno, preexistente e sobrevivente a tudo.

A separação da Alma e do corpo físico não é dolorosa. O corpo denso sofre muito mais durante a vida material do que no instante da morte física. Inclusive o processo reencarnatório, ou seja o nascimento no plano terreno, acarreta mais conflitos que propriamente o desencarne. Acontece que ao encarnar, o Espírito está sendo destinado à prisão de um corpo e a todas as vicissitudes próprias de um mundo de expiação, enquanto que no desenlace encontra ele sua oportunidade de retornar à pátria verdadeira, de reencontrar sua tão ambicionada liberdade.

Na morte natural, a que sobrevém por esgotamento físico resultante de moléstia prolongada ou idade avançada, o homem deixa a vida quase sem o perceber. É assim como uma lamparina que se apaga por falta de querosene.

Entretanto, a separação corpo/Alma não ocorre bruscamente, mas por um gradual desprendimento. Os laços que prendem o Espírito ao corpo denso jamais são rompidos, mas sim são desatados. E no instante da morte o desprendimento do perispírito não se completa subitamente, mas progressivamente, com uma lentidão que varia de indivíduo para indivíduo. Dependendo do tipo de vida que se levou, é a maior ou menor rapidez com que se processa o desenlace. Para o homem de atividade moral e intelectual, a própria elevação de seus pensamentos já consiste num princípio de desprendimento, mesmo em vida. Entretanto, para aquele cuja vida foi essencialmente material e sensual, o desprendimento pode durar dias, semanas, meses ou anos, sem que no corpo exista qualquer sinal de vitalidade.

Esta continuidade da ligação matéria/Espírito, não

significa que o corpo possa voltar à vida, mas o que permanece é uma afinidade do Espírito apegado às coisas materiais e que reluta em delas se afastar. E esta afinidade entre Alma e Corpo, em certos indivíduos, pode ser tão penosa que o Espírito chega até mesmo a experimentar o horror da decomposição da matéria.

Entretanto, em qualquer caso, o Espírito não tem consciência de si mesmo imediatamente após deixar o corpo físico. A Alma passa algum tempo em estado de perturbação.

Após a morte corpórea, a princípio tudo é confuso, mas esta perturbação não é a mesma, tanto em espécie como em tempo de duração, para todos os Espíritos. Depende da elevação de cada um. A manutenção deste estado pode ser desde algumas horas, como até de muitos meses ou mesmo de muitos anos.

E este transe apresenta circunstâncias especiais não apenas com relação ao tipo de vida de cada indivíduo, como e principalmente relaciona-se com o gênero de sua morte. Nos casos de morte violenta, seja por suicídio, homicídio ou acidente, o Espírito fica surpreso, espantado, e não acredita estar morto. Apesar de ver seu próprio corpo, reconhecer que aquele corpo seja o seu, não compreende porque se acha dele separado. Acerca-se das pessoas a quem estima, fala-lhes e percebe que elas não o ouvem e fica aturdido. Chega a observar o seu próprio sepultamento como se fora o de um estranho, como se nada daquilo lhe dissesse respeito, até o momento em que compreenda a verdade. Semelhante ilusão se prolonga até o completo desprendimento do perispírito.

Só então é que o Espírito se reconhece como tal e compreende não mais pertencer ao mundo dos encarnados. Surpreendido pelo improviso da morte, o Espírito fica atordoado com a mudança que nele se operou. E esta ilusão de continuar vivo acontece não só por continuar ele a pensar, ver e ouvir, mas por se ver com um corpo em tudo igual ao anterior.

O conhecimento da Doutrina Espírita exerce grande influência sobre a duração deste estado de perturbação, pois o Espírito já compreendia previamente sua situação e este processo de transformação.

A propósito da grande passagem, da magna mudança do plano material para o espiritual, há uma série de explicações, de elucidações, de esclarecimentos, dados pelo Irmão Jacob em seu livro "Voltei", que apresentamos a seguir. São passagens tão claras e tão precisas que dispensam quaisquer comentários adicionais sobre a morte física e o adentrar da vida espiritual.

"Enquanto no corpo físico, não formulamos a idéia exata do que seja a realidade além da morte. Os quadros sublimes ou terríveis no plano externo correspondem, de alguma forma, à nossa expectativa; contudo, os fenômenos morais, dentro de nós, são sempre fortes e inesperados.

"Antes da passagem, tudo me parecia infinitamente simples! Quantos conflitos, porém, entre o aparecimento e a desagregação do veículo carnal?! Quantas lições entre a infância e o declínio das forças físicas?!

"Entre o ato de perder a carcaça de ossos e a iniciativa de reencarnação ou de elevação, temos o tempo, e o conteúdo desse tempo reside em nós mesmos. Quantos óbices a vencer, quantos enigmas a solucionar!"

"Chega, no entanto, o momento em que a morte nos reconduz à intimidade do lar interior. E, se não houve de nossa parte a preocupação de construir, aí dentro, um santuário para as determinações divinas, quantos dias gastamos na limpeza, no reajustamento e na iluminação?!"

"E vocês, meus amigos do Espiritismo, não se acreditem quitados com a Lei por haverem atendido pequeninos deveres de solidariedade humana, nem se suponham habilitados ao paraíso por receberem a manifesta proteção de um amigo espiritual! Ajudem a si mesmos, no desempenho das obrigações evangélicas! Espiritismo não é somente a graça recebida, é também a necessidade de nos espiritualizarmos para as esferas superiores".

"Amargurado e aflito, qual me achava, ponderei os sofrimentos dos que abandonam a experiência física sem qualquer preparação. Se eu, que consagrara longos anos aos estudos espiritualistas encontrava barreiras tão grandes, o que não ocorreria aos homens comuns, que não cogitam dos problemas relacionados à Alma?!"

Porém, impressionante, mesmo, é o relato minucioso que nos faz André Luiz em "Obreiros da Vida Eterna" quando, participando como observador de uma equipe desencarnacionista, presencia e nos descreve ponto por ponto os pormenores do desatar dos laços que prendem o Espírito ao corpo denso.

Eis aqui este extraordinário relato: "O Assistente volveu a intervir no cérebro. Era a última etapa da libertação da Alma do corpo físico. Concentrando todo o seu potencial de energia na fossa romboidal, o Assistente Jerônimo quebrou alguma coisa que não pude perceber em minúcias, e brilhante chama violeta-dourada desligou-se da região craniana, absorvendo, instantaneamente, a vasta porção de substância leitosa já exteriorizada. Quis fitar a brilhante luz, mas confesso que era difícil fixá-la, com rigor. Em breves instantes, porém, notei que as forças em exame eram dotadas de movimento plasticizante. A chama mencionada transformou-se em maravilhosa cabeça, em tudo idêntica à do desencarnante, constituindo-se, após ela, todo o corpo perispiritual, membro a membro, traço a traço. E, à medida que o novo organismo ressurgia ao nosso olhar, a luz violeta-dourada, fulgurante no cérebro, empalidecia gradualmente, até desaparecer de todo, como se representasse o conjunto dos princípios superiores da personalidade, momentaneamente recolhidos a um único ponto, espraiando-se em seguida, através de todos os escaninhos do organismo perispirítico, assegurando, deste modo, a coesão dos diferentes átomos nas novas dimensões vibratórias.

"Então, Dimas – desencarnado elevou-se alguns palmos acima de Dimas-cadáver, apenas ligado ao corpo através de leve cordão prateado, semelhante a sutil elástico, entre o cérebro da matéria densa abandonada, e o cérebro da matéria rarefeita do organismo liberto. Para os encarnados, Dimas morrera inteiramente. Para nós outros, porém, a operação era ainda incompleta. O Assistente deliberou que o cordão fluídico deveria permanecer até o dia imediato, considerando as necessidades do "morto", ainda imperfeitamente preparado para desenlace mais rápido".

No entanto, é mais que natural alguém duvidar e até mesmo zombar, ao tomar conhecimento da descrição de semelhantes passagens. Pois, conforme nos diz Emmanuel, "a surpresa, a perplexidade e a dúvida são de todos os aprendizes que ainda não passaram pela lição".

FONTES DE CONSULTA

De Allan Kardec: "O Livro dos Espíritos", "O Evangelho Segundo O Espiritismo", "O Livro dos Médiuns", "A Gênese", "Obras Póstumas".

De André Luiz: "Nosso Lar", "Entre A Terra e O Céu", "Obreiros da Vida Eterna", "... E A Vida Continua", "Os Mensageiros" (Obras Psicografadas por Francisco Cândido Xavier).

De Emmanuel: "Há Dois Mil Anos", "Ave, Cristo!", "Livro da Esperança", "Palavras de Emmanuel", "Leis de Amor" (Psicografia de Francisco Cândido Xavier).

De Gabriel Delanne: "A Reencarnação".

De Léon Tolstói: "Ressurreição e Vida"(Psicografia de Yvonne A. Pereira).

De Zilda Giunchetti Rosin: "Morte e Libertação".

De Roque Jacintho: "Jesus e Kardec".

De Clóvis Tavares: "40 Anos Com Chico Xavier".

Da Federação Espírita do Estado de São Paulo: "Iniciação Espírita".

De Deolindo Amorim: "O Espiritismo e As Doutrinas Espiritualistas".

De Amélia Rodrigues: "Quando Voltar A Primavera"

(Médium Divaldo Pereira Franco).

Do Irmão Jacob: "Voltei" (Psicografia de Chico Xavier).

Do Dr. Kenneth Ring: "Vida e Morte".

Da Edigraf: "Antologia da Literatura Mundial".

"Pinga Fogo Com Chico Xavier"— do Departamento Cultural Edicel.

Jornais: "Folha Espírita", São Paulo; "Espiritismo e Unificação", Santos-SP; Revista: "Psicologia e Comportamento".

De Jayme Andrade: "O Espiritismo E As Igrejas Reformadas".